高等职业教育智慧港航系列教材

国际船舶代理业务双语教程

◎陈 静 张明齐 武 莉 编著

微信扫描
索取课件等资源

南京大学出版社

内容简介

本书以外轮代理工作为主线,将国际船舶代理工作中涉及的业务内容与英语知识结合起来。本书分为两篇,船舶代理业务篇的内容包括船舶代理概述、船舶代理内勤业务和船舶代理外勤业务;船舶代理英语篇以船舶抵港前、船舶抵港、船舶在港期间、船舶离港的船代工作过程,介绍国际船舶代理工作中常见的英语应用知识。

本书既可以作为海运院校港航专业国际船舶代理课程的教材,也可供船舶代理企业业务培训及有关业务人员自学参考使用。

图书在版编目(CIP)数据

国际船舶代理业务双语教程:汉文、英文 / 陈静,
张明齐, 武莉编著. -- 南京 : 南京大学出版社, 2019.1(2023.7 重印)
高职高专"十三五"规划教材. 智慧港航系列
ISBN 978-7-305-20137-0

Ⅰ. ①国… Ⅱ. ①陈…②张…③武… Ⅲ. ①国际运
输-船舶管理-代理(经济)-高等职业教育-教材Ⅳ.
①F551.4

中国版本图书馆 CIP 数据核字(2018)第 089851 号

出版发行　南京大学出版社
社　　址　南京市汉口路 22 号邮编　210093
出版人　金鑫荣

书　　名　国际船舶代理业务双语教程
编　著　陈　静　张明齐　武　莉
策划编辑　胡伟卷
责任编辑　胡伟卷　蔡文彬　　　　　　编辑热线　010-88252319

照　　排　北京圣鑫旺文化发展中心
印　　刷　广东虎彩云印刷有限公司
开　　本　787×1092　1/16　印张 13　字数 325 千
版　　次　2019 年 1 月第 1 版　2023 年 7 月第 3 次印刷
ISBN 978-7-305-20137-0
定　　价　38.00 元

网址:http://www.njupco.com
官方微博:http://weibo.com/njupco
微信服务号:njuyuexue
销售咨询热线:(025)83594756

前　言

随着我国"一带一路"和"海洋强国"倡议的实施,国际间的合作与交流越来越频繁,中国海运业在迎接新的发展机遇的同时,也面临着具有国际竞争力的航运人才紧缺的问题,为此,海运类院校势必要与国际接轨,逐步实现教育国际化。在海运领域,国际船舶代理作为船方、货方和口岸机构之间沟通的桥梁,急需既通晓船舶代理业务,又具有较高专业英语水平的复合型国际化人才。党的二十大报告指出"全面贯彻党的教育方针,落实立德树人根本任务,培养德智体美劳全面发展的社会主义建设者和接班人"。本教材作为培养高素质、复合型船代人才的载体,加快推进党的二十大精神进教材、进课堂、进头脑,培根铸魂、启智增慧,助力培养适应新时代要求的航运人才。

本书共分为两个教学篇章:第一篇为船舶代理业务;第二篇为船舶代理英语,主要以外轮代理工作为主线,将国际船舶代理工作中涉及的业务内容与英语知识结合起来。在船舶代理业务篇,着重介绍从事国际船舶代理内勤和外勤工作必须掌握的业务知识及习惯做法。在船舶代理英语篇,按照"船舶抵港前—船舶抵港—船舶在港期间—船舶离港"的船代工作过程,着重介绍国际船舶代理工作中常见的英语函电、表单及会话内容。

在本书编写过程中,得到广州港中联国际船务代理有限公司副总经理刘洪涛、天津海盛丰国际船舶代理有限公司船务部经理李仁龙、天津港劳务发展有限公司总经理霍胜春、万嘉集运物流有限公司天津分公司总经理崔秋平的热情指导与帮助,在此表示衷心的感谢!

由于编者水平有限,书中难免存在疏漏与不妥之处,敬请读者和同行专家不吝指正。

编　者
2023 年 5 月

目　录

第一篇

船舶代理业务

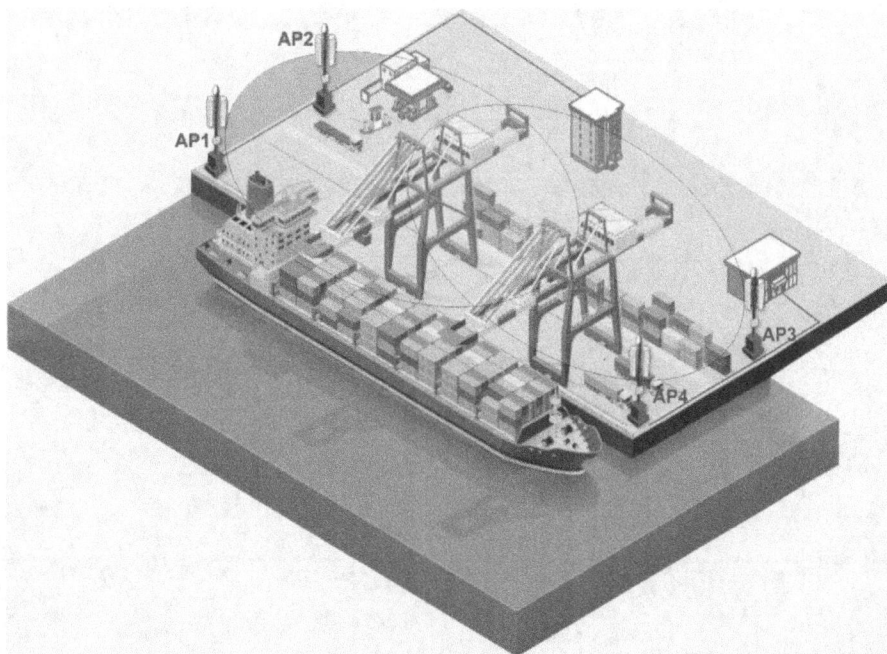

第一章

船舶代理概述

知识目标

1. 理解船舶代理的概念及业务范围。
2. 熟悉船舶代理关系。
3. 掌握船舶、港口、集装箱的基础知识。
4. 了解船舶营运方式及各口岸查验机构的职能。

能力目标

1. 能够举例说明不同的船舶代理关系。
2. 能够结合船舶图片讲评船体的主要结构。
3. 能够识别主要的港口设施。
4. 能够对比说明班轮运输与租船运输的特点。
5. 能够区分各口岸查验机构的主要职能。

业务背景

天津阳光船舶代理有限公司作为船公司的代理人,主要代办外籍轮船进出天津港的申报手续及其他委托事项。而根据船舶营运方式的不同,阳光船代与委托人之间建立的船舶代理关系也有所不同。作为专业的国际船舶代理人,必须清楚自身的业务范围,明确船舶代理关系,熟悉船舶和集装箱的有关知识,并与港口企业及口岸查验机构保持良好的业务关系。

第一节 船舶代理的概念及业务范围

一、船舶代理的概念

(一)国际船舶代理人的定义

国际航行船舶在世界各港口之间进行客货运输时,当船舶停靠于船舶所有人、船舶经营人、船舶承租人自己不能提供船舶服务或办理有关船舶手续的港口的情况下,船舶所有人、船舶经营人、船舶承租人可能无法亲自照管船舶或办理船舶在港口的营运业务,这时就需要委托当地的国际船舶代理人照管船舶或办理船舶在港口的营运业务。

《中华人民共和国国际海运条例》和《中华人民共和国国际海运条例实施细则》对我国的国际船舶代理经营者给出了定义。国际船舶代理经营者是指依照法律设立的中国企业法人,接受船舶所有人、船舶经营人、船舶承租人的委托,经营下列业务:办理船舶进出港口手续,联系安排引航、靠泊和装卸;代签提单、运输合同,代办接受订舱业务;办理船舶、集装箱及货物的报关手续;承揽货物、组织货载,办理货物、集装箱的托运和中转;代收运费,代办结算;组织客源,办理有关海上旅客运输业务等。因此,可以将国际船舶代理人表述为:国际船舶代理人是接受船舶所有人、船舶经营人、船舶承租人的授权,在授权范围内代表委托人办理船舶进出港及与船舶有关的其他业务的中国企业法人。

(二)国际船舶代理人的作用

1. 桥梁作用

船舶代理人可以在委托人、货方和口岸机构等之间传递信息,起到桥梁作用。例如,在船舶到港前,船舶所有人、船舶经营人、船舶承租人等将船舶到港装卸货物的情况和预计船期等信息告知船舶代理人;船舶代理人根据船方提供的信息和口岸管理规定,将相关信息转告海关、边防、检验检疫和海事局、港口装卸公司、理货公司、船舶供应公司等口岸各有关单位;船方和各相关单位可以根据船舶代理人提供的信息做好船舶抵港前的准备工作。船舶在港期间,船舶代理人及时将船舶在港的动态,如船舶进港、靠泊、移泊、装卸、修理等情况,告知委托人;在船舶离港后,船舶代理人及时告知委托方船舶离港的情况,使委托方及时掌握船舶动态等信息。

2. 协调作用

在船舶运输的各项工作中,或者当发生争议时,船舶代理人可以协助船方、港方、货方等各方妥善解决问题,起到协调作用。例如,当船舶在船期、装卸作业及其他服务上有特殊要求时,船舶代理人能够在委托方和港方及其他相关单位之间进行协调,并尽可能使问题得到圆满解决。如果船方和货方对装卸货物数量、质量存在争议,或者船舶在港期间发生船舶碰撞、火灾等事故,船舶代理人能够运用自己的专业知识和工作经验来协助船方妥善解决相关事宜。

3. 专业服务作用

船舶代理人能够及时、正确、高效地完成委办事项,起到专业服务作用。国际船舶代理人的本职工作是利用自身知识、经验和资源,为委托人办理船舶进出港口手续,办理船舶、集装箱及货物的报关手续,代收运费和代办结算,组织货源等。国际船舶代理人熟悉相关法律和港口惯例,通过代办船舶在港事宜,为委托人提供专业服务。

4. 降低成本作用

在完成委办事项的过程中,船舶代理人能够合理安排各项工作,减少委托人不必要的支出,起到降低成本的作用。

（三）国际船舶代理行业的特征

国际船舶代理行业相比很多大的行业来说是一个较小的行业。它之所以能独树一帜，成为一个行业是由它的行业性质和特征所决定的。

1. 服务性

国际船舶代理行业的价值在于船代公司在服务好委托方的同时起到了成为船方（包括船东、租家、船舶经营人、无船承运人、船员公司等）、港方（包括港口当局、监管和检验部门、检查单位、装卸公司、供应和修理及其他服务单位等）和货方（包括进出口商、收发货人、货物代理人等）之间的桥梁和纽带的作用。很难想象缺少船代公司的服务，船舶能顺利进出口岸、港口能顺利装卸货物、国际贸易能顺利进行。因此，船代服务直接关系到船、货、港的利益和国家外贸政策的推行，这在我国外贸占国民经济很大比重的今天尤为重要。

2. 专业性、业务性

国际船舶代理行业的专业性和业务性表现在，它是专门为国际贸易和国际航行船舶服务的、在委托之下进行的、独特而无可替代的等方面。国际船舶代理是为国际海上运输服务的，而国际海上运输来源于国际贸易，所以国际船舶代理也是为国际贸易服务的。国际贸易量的80%～90%是通过海上运输实现的，因此国际船舶代理工作对国际贸易的促进作用是显而易见的，而对国际航行船舶的进出港口、船舶及货物的报关、货物的装卸速度、船期的缩短、效率的提高等，更是起着直接的重大作用，甚至是决定性作用。其对国际航行企业和国际贸易企业起着至关重要的作用，也是其他的工作所无法替代的。

3. 国际性

国际船舶代理企业所代理的是航行于国际航线的各类船舶，即国际贸易货物运输船舶、国际旅游船舶及其他航行于国际航线的特种船舶。这些船舶所载的货物是国际贸易货物，所载的旅客是旅行于国与国之间的旅客，所进行的活动也是国家（地区）与国家（地区）之间的活动，其船员也来自世界上多个国家（地区）。因此，国际船舶代理业务不仅涉及本国，还涉及他国；不仅涉及有关国家的经济利益，还涉及政治利益；不仅涉及有关国家的法律，还涉及很多国际条法。这项业务的开展不仅直接影响有关企业间的经济利益和关系，还直接或间接影响国与国之间的关系。

二、船舶代理的业务范围

根据《中华人民共和国国际海运条例》规定，国务院交通主管部门可以按照船舶代理公司的规模、资金、能力、条件和有关规定来核定其经营范围。国际船舶代理人在交通部核定的经营范围内接受委托，可经营下列部分或全部代理业务。

①　联系安排船舶进出港口、靠泊和装卸。

②　受船东或船长的委托代签提单、运输合同，代签船舶速遣、滞期协议。

③　办理国际水上旅客运输。

④　组织货载，为货主洽订舱位。

⑤　联系水上救助，洽办海商海事处理。

⑥ 代收代付款项,代办结算。

⑦ 办理其他的船舶代理、服务事项。

由于不同船舶、不同航次的运输任务不同,因此国际船舶代理人所办业务不完全相同。我国有些国际船舶代理公司的业务章程中所规定的业务范围比《中华人民共和国国际海运条例》规定的业务范围更具体。以下是我国某国际船舶代理公司业务章程中所规定的业务范围。

（一）船舶进出港业务

① 办理船舶的海关申报和办理口岸有关检验检疫手续。

② 办理船舶引航、靠泊、拖带。

③ 船舶检验、修理、扫舱、熏舱。

④ 海上救助。

⑤ 洽办海事处理、买卖船舶和租船在港交接手续等。

（二）货运业务

① 联系安排货物装卸、货舱检验、理货、交接中转、储存、理赔。

② 代船方承揽货载。

③ 同港方签订滞期/速遣协议和结算。

④ 代船方签发提单、计收运费、代付各种款项和费用。

⑤ 代货主租船订舱和缮制货物运输单证等。

（三）代办集装箱业务

① 办理集装箱进出口申报手续,联系安排装卸、堆存、运输、拆箱、清洗、熏蒸。

② 洽办集装箱的建造、修理、检验。

③ 办理集装箱的租赁、买卖、交接、转运、收箱、盘存,签发集装箱交接单证。

（四）船舶供应业务

其业务内容包括:办理船舶燃料、淡水、物料、伙食供应;代购、转送船用备件、物料等。

（五）其他服务性业务

其业务内容包括:办理船员调换、遣返、出入境手续、就医、参观游览、船员家属探望、信件传递;其他船上临时委托办理的事项等。

第二节　船舶代理关系

一、国际船舶代理关系的概念

国际船舶代理人开展业务的前提是获取代理权,与委托方建立代理关系。船舶代理关系就是委托方为其船舶到抵达港办理进出港和在港一切业务手续而寻找港口代理人,并经双方商定,以一定的书面形式为依据,而建立的一种代理关系。代理关系的建立可采取双方谈判后签订书面合同的形式,也可以由委托方通过函电的形式(包括电报、电传、传真、电子数据交换和电子邮件等),将委托事项告知代理,双方就委托事项和代理费达成一致,经代理确认后生效。

　　船舶代理公司得到委托方明确或隐含的授权表示是建立代理关系的必要条件。《中华人民共和国合同法》中指出:委托合同是委托人和受托人约定,由受托人处理委托人事务的合同。委托人可以特别委托受托人处理一项或者数项事务,也可以概括委托受托人处理一切事务。对受托人的义务论述如下:受托人应当按照委托人的指示处理委托事务,需要变更委托人指示的,应当经委托人同意;因情况紧急,难以和委托人取得联系的,受托人应当妥善处理委托事务,但事后应当将该情况及时报告委托人;受托人应当按照委托人的要求,报告委托事务的处理情况;委托合同终止时,受托人应当报告委托事务的结果。

二、国际船舶代理关系的分类

(一)长期代理关系

　　长期代理关系是指委托方根据船舶运营需要,事先与代理人充分协商,以书面形式签订一次委托长期有效(一年或几年)的代理关系。在合同的有效期内,委托方只需在每航次船舶抵港前,通知代理到船时间、船名、船舶规范和载货情况,不需要逐船逐航次委托。委托方应建立往来账户,预付适当数量的备用金,供船舶逐航次使用。

　　班轮公司与代理公司一般都签订长期代理协议(一年或两年),到期后双方再商定是否续签。除更换船舶、班期调整等情况外,班轮公司不需要每航次给代理公司发通知,代理公司应根据班轮公司的船期表和船长的预计抵港电按时安排好相关工作。国际上较大规模的船东经营定期班轮航线,一般逐步趋向于在主要挂靠港成立专门的自营代理公司来负责港口的船舶代理业务。我国外代系统的长期代理协议都是由总公司出面签订,分公司不能直接对外签订长期代理协议。

　　不同的国家有不同的代理协议范本,一般都是由该国的船舶代理协会征求各会员单位意见后公布,供协会成员参考和选择使用。

(二)航次代理关系

　　航次代理关系是指委托方在船舶到港前,用函电向抵港代理提出该航次船舶委托,在代理回电确认后,本航次代理关系即告成立。航次代理关系的建立通常以航次代理委托函和代理接受委托的复函代替代理协议。

　　采用航次代理委托的船舶一般有下列几种。

　　① 承运 CIF 进口货或 FOB 出口货的国外派船。

　　② 承运 CIF 出口货或 FOB 进口货的国内派船。

　　③ 办理买卖、起租、退租的船舶。

　　④ 专程来港进行修理、供应、就医、避难的船舶。

⑤ 旅游船或其他特殊船舶。

上述船舶所属公司一般与船代公司未签有长期代理协议,采取单船单航次的代理委托方式。

(三) 第二委托方代理关系

除了第一委托方(一般是发出委托电,并汇付港口使费和代理费的一方)以外,对同一艘船舶要求代理代办有关业务的其他委托者,统称为第二委托方。第二委托方可以是船方(船舶所有人、经营人或管理公司),也可以是租方或货方,还可能是其他有关方。一艘船只能有一个委托方,但同时可以有一个或几个第二委托方。第二委托方与第一委托方的主要区别在于:第一委托方支付港口使费,第二委托方不支付港口使费;第一委托方支付正常的代理费,而第二委托方支付的第二委托方代理费则大大低于正常的代理费。

第二委托方与代理建立代理业务,应有书面委托依据,并提供有关资料,汇寄备用金,同时支付第二委托方代理费。

第二委托方代理委托一般都是单船单航次的代理委托。委托办理的业务一般包括以下几项。

① 期租合同下船东的事项。例如,办理船员调动,船舶备件,物料调拨,加淡水,上伙食,非装卸损坏的船舶修理,协助海事处理等。

② 程租合同下租家的事项。例如,提供船舶在港动态,提供装卸准备通知书和事实记录、船长宣载书,提供船舶各类装货单证,结算船舶有关在港费用等。

③ 第二委托方关心的其他事项。

(四) 保护代理

船舶有关方为保护自身的正当利益不因委托方代理的行为遭受损害,而找另一家能够信任的代理公司对船舶在港的代理业务进行监督,则另一家代理被称为保护代理或监护代理。例如,在租船合同下,当船舶代理由合同一方(船东或租家)指委时,合同另一方为保护自身利益而另外指委的代理,如租船合同规定由船东指委代理,租家可能指委保护代理在装/卸港保护自身利益。

保护代理主要监督委托方代理的业务安排、业务进程及安排是否符合当地规定、是否合理,相关代理人是否按章办事,是否有损害委托方利益的情况等。保护代理费由双方协议确定,一般使用单船包干费或月度包干费。保护代理委托也有长期和航次之分。例如,有的公司会在某些阿拉伯港口及其他港口委托港口保护代理。这些港口存在船期长、装卸速度慢、常常无理由地移泊、代理工作效率低、乱收费等情况,因此需要有另外一方去督促、检查,以防损害委托方利益的事情发生,或处理已发生的事情。保护代理一般是单船单航次委托的,但也有长期委托的。例如,某船公司在某港口有定期班轮或不定期班轮,由于代理不力,但又无法更换或即使更换也不能解决问题,这时船公司就有可能委托长期保护代理,有可能是半年或几年,直至情况好转时再取消。

第三节 船舶代理基础知识

一、船舶基础知识

（一）船舶构造

船舶结构随着船舶类型的不同而不同,对于钢结构船舶来说,全船结构分为主船体和上层建筑两部分。

1. 主船体

船舶的主船体由船首部、中部、尾部组成,每一部分都是由船底、舷侧、上甲板形成水密的空心结构。在空心结构内部又用水平和垂直的隔壁分隔成许多舱室。其中,首尾贯通的水平隔壁称下甲板,垂直的隔壁称舱壁。安装在船宽方向的舱壁称横舱壁,安装在船长方向的舱壁称纵舱壁。为了加强船体首尾端结构,在首尾端设置有首尾柱。

2. 上层建筑

船舶的上层建筑是指上甲板原始的各种围壁建筑物,上层建筑部分有首楼、尾楼、桥楼、甲板室及各种围壁建筑物。船首楼的主要作用是减少船首部上浪(浪花进入船上),同时还可以作为储藏室。船尾楼的主要作用是减少船尾部上浪,保护机舱,同时可以作为船员的居所。桥楼是位于船中部的上层建筑,通常作为驾驶室和船员居所。甲板室设在露天甲板上,有利于甲板操作。

（二）船舶尺度

船舶尺度是用以表达船舶大小的度量,包括船的长度、宽度、深度、吃水等。它是计算船舶各项性能的主要参数,是衡量船舶大小,收取各种费用,检查船舶能否通过船闸、运河等限制航道的依据。船舶的主要尺度都遵循统一的度量规定。

根据船舶主尺度的用途不同,主尺度可以分为以下三类。

1. 型尺度

船舶的型尺度是从船体型表面上所量取的尺度。它是理论尺度,主要用于船舶设计及性能计算。型尺度一般包括型长、型宽和型深。

① 型长。其根据具体的使用目的,有几种不同的表示方法:总长(Length OverAll,LOA)、垂线间长(Length Between Perpendiculars,LBP)和设计水线长(WaterLine Length,LWL)。

② 型宽。型宽一般是指船舶中央部分的宽度,用 B 表示。

③ 型深。从上甲板边缘最低处量至船底基线的垂直距离为型深,记为 D 或 H。

2. 最大尺度

船舶的最大尺度是包括船体构件及固定在船上的附属突出物在内所丈量得到的尺度。它可以决定船舶停靠码头泊位的长度。最大尺度一般包括最大长度、最大船宽和最大高度。

① 最大长度,是船舶最前端与最后端之间的水平距离,用 L_{max} 表示。

② 最大船宽,是包括船舶外板和永久性固定突出物在内的最大宽度,用 B_{max} 表示。

③ 最大高度。船舶的最大高度是自设计水线沿垂线量到船的最高点的距离。在船舶空载进入内河航行,并需要通过桥梁时,最大高度是衡量船舶能否顺利通过的重要依据,用 H_{max} 表示。

3. 登记尺度

船舶的登记尺度是根据《船舶丈量规范》的规定进行丈量所得到的尺度,是船舶登记、吨价计算及交纳费用的依据。登记尺度一般包括登记长度、登记宽度和登记深度。

① 登记长度,是船舶上甲板上的首柱前缘到尾柱后缘(若无尾柱,则量至舵杆中心线)的水平距离,一般用 LR 表示。

② 登记宽度,为船体最大宽度处的水平距离(包括两舷外板,不包括固定突出物),用 BR 表示。

③ 登记深度,为中纵剖面上登记长度 LR 中点处,量至设计水线上面的垂直距离,用 DR 表示。

4. 船舶吃水

船舶吃水是船舶浸沉深度的一个度量,它随载货重量的不同而变化。这个尺度只有型尺度,即型吃水。型吃水即设计吃水,又称满载吃水,是指船舶装载至设计要求的货物后(一般为满载状态)的浸水深度。当船首吃水和船尾吃水不相等时,型吃水值表示首尾吃水的平均值。

(三)船舶吨位

1. 重量吨位

船舶的重量吨位(weight tonnage)是表示船舶重量的一种计量单位。船舶的重量吨位又可分为排水量吨位和载重吨位。

(1)排水量吨位

排水量吨位(displacement tonnage)是船舶在水中所排开水的吨数,也是船舶自身重量的吨数。排水量吨位又可分为轻排水量、重排水量和实际排水量三种。在造船时,依据排水量吨位可知该船的重量;在统计军舰的大小和舰队时,一般以轻排水量为准;军舰通过巴拿马运河,以实际排水量作为征税的依据。

(2)载重吨位

载重吨位(D. W. T.)表示船舶在营运中能够使用的载重能力。船舶载重吨位的作用包括:用于对货物的统计;作为期租船月租金计算的依据;表示船舶的载运能力;用作新船造价及旧船售价的计算单位。载重吨位可分为总载重吨和净载重吨。

① 总载重吨(gross dead weight tonnage),是船舶根据载重线标记规定所能装载的最大限度的重量。它包括船舶所载运的货物、船上所需的燃料、淡水和其他储备物料重量的总和。

② 净载重吨(dead weight cargo tonnage),是指船舶所能装运货物的最大限度重量,又称载货重吨。它是从船舶的总载重量中减去船舶航行期间需要储备的燃料、淡水及其他储备物品的重量所得的差数。

2. 容积吨位

容积吨位(registered tonnage)是表示船舶容积的单位,又称注册吨。容积吨位的换算方式为:1 容积吨 = 2.83m³ = 100ft³(ft³,cubic foot 立方英尺)。

容积吨一般分为容积总吨和容积净吨两种。

① 容积总吨(Gross Registered Tonnage,GRT)又称注册总吨,是指船舱内及甲板上所有闭合场所的容积总和。容积总吨的用途很广,主要作用有:表明船舶的大小;船舶登记;作为政府确定对航运业的补贴依据;计算保险费用、造船费用及船舶的赔偿等。

② 容积净吨(Net Registered Tonnage,NRT)又称注册净吨,是船上可以用来装载货物的容积折合成的吨数。它的主要作用有:船舶的报关、结关;作为船舶向港口交纳的各种税收和费用的依据;作为船舶通过运河时交纳运河费的依据。

(四)船舶载重线

船舶载重线(ship's load line)标志绘制于船舶两舷中间,是表明载重线位置以限制船舶最大吃水,确保船舶最小干舷的标志。干舷是指满载水线以上未被水浸湿的舷侧板。船舶的营运实践表明,干舷不足,常常是发生海难事故的一个重要原因。因此,船舶必须具有足够的干舷。

载重线标志包括甲板线、载重线圈和各载重线。例如,不装载木材甲板货的船舶载重线标志如图 1-1 所示。

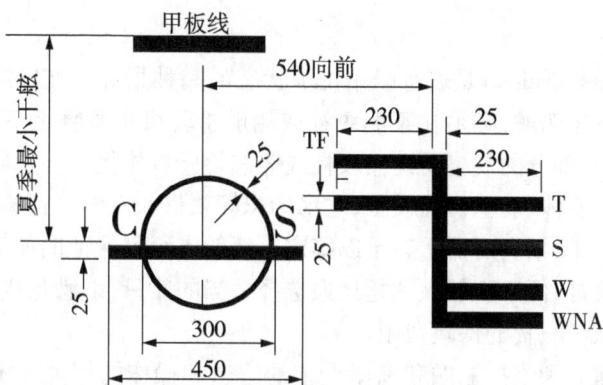

图 1-1 不装载木材甲板货的船舶载重线标志

1. 甲板线

甲板线又称干舷甲板线,是一条表示干舷甲板位置的线。该线的上边缘应与干舷甲板的上表面相交。

2. 载重线圈

载重线圈由一个圆圈和一条水平线相交组成,其圆圈的中心在船舶中部,水平线与夏季载重线平齐。水平线上的字母代表船舶检验机构的名称,如 CS 为中国船级社英文缩写。

3. 各载重线

① TF(Tropical Fresh water load line)表示热带淡水载重线,即船舶航行于热带地区的淡

水中,总载重量不得超过此线。

② F（Fresh water load line）表示淡水载重线,即船舶在淡水中行驶时,总载重量不得超过此线。

③ T（Tropical load line）表示热带海水载重线,即船舶在热带地区航行时,总载重量不得超过此线。

④ S（Summer load line）表示夏季海水载重线,即船舶在夏季航行时,总载重量不得超过此线。

⑤ W（Winter load line）表示冬季海水载重线,即船舶在冬季航行时,总载重量不得超过此线。

⑥ WNA（Winter North Atlantic load line）表示北大西洋冬季载重线,指船长为 100.5 米以下的船舶,在冬季月份航行经过北大西洋(北纬36°以北)时,总载重量不得超过此线。

（五）船籍和船旗

船籍（ship's nationality）指船舶的国籍。商船的所有人向本国或外国有关管理船舶的行政部门办理所有权登记,取得本国或登记国国籍后才能取得船舶的国籍。

船旗（ship's flag）是指商船在航行中悬挂其所属国的国旗。船旗是船舶国籍的标志。按国际法规定,商船是船旗国浮动的领土,无论在公海或在他国海域航行,均需悬挂船籍国国旗。船舶有义务遵守船籍国法律的规定并享受船籍国法律的保护。

（六）船级

船级（ship's classification）是表示船舶技术状态的一种指标。在国际航运界,凡注册总吨在 100 吨以上的海运船舶,必须在某船级社或船舶检验机构监督之下进行监造。在船舶开始建造之前,船舶各部分的规格需经船级社或船舶检验机构批准。每艘船建造完毕,由船级社或船舶检验局对船体、船上机器设备、吃水标志等项目和性能进行鉴定,颁发船级证书。证书有效期一般为 4 年,期满后需重新予以鉴定。船舶入级可保证船舶航行安全,有利于国家对船舶进行技术监督,便于租船人和托运人选择适当的船只,以满足进出口货物运输的需要,便于保险公司决定船、货的保险费用。

船级社是一个建立和维护船舶和离岸设施的建造和操作的相关技术标准的机构,通常为民间组织。世界上最早的船级社是 1760 年成立的英国劳氏船级社（LR）。此后一些国家相继成立了船级社,如美国船舶局（ABS）、挪威船级社（DNV）、法国船级社（BV）和日本海事协会（NK）等。船级社的主要业务是对新造船舶进行技术检验,合格者给船舶的各项安全设施授予相应证书;根据检验业务的需要,制定相应的技术规范和标准;受本国或他国政府委托,代表其参与海事活动等。

（七）船舶的主要文件

船舶文件（ship's documents）是证明船舶所有权、性能、技术状况和营运必备条件的各种文件的总称。其主要有船舶国籍证书（certificate of nationality）、船舶所有权证书（certificate of ownership）、船舶船级证书（certificate of classification）、船舶吨位证书（tonnage certificate）、船舶载重线证书（certificate of load line）、船员名册（crew list）、航行日志（log book）等。

（八）船舶主要设备

1. 主要安全设备

① 主要航海仪器包括磁罗经(一种测定方向基准的仪器,用于确定航向和观测物标方位)、六分仪(一种测量远方两个目标之间夹角的光学仪器,用于测量某一时刻太阳或其他天体与海平面或地平线的夹角,以便迅速得知海船或飞机所在位置的经纬度)、天文钟(既能表示天象,又能计时)。

② 主要助航仪器包括 GPS(全球定位系统)、APAR(主动相位阵列雷达)、雷达、测深仪、计程仪、航向记录仪。

③ 通信设备包括 GMDSS(组合电台)、AIS(自动船位报告系统)、SARS(船舶保安报警系统)、气象传真仪等。

④ 三机一炉包括主机、副机、锚机和锅炉。

⑤ 其他安全设备还有舵机、空压机、各种泵浦、装卸设备和甲板机械(包括开盖舱设备和绞缆)等。

2. 主要应急设备

主要应急设备包括:应急发电机、应急空压机;消防泵和应急消防泵;大型灭火系统(泡沫或二氧化碳灭火系统)、手提灭火器;消防员装备、火灾逃生面罩;救生艇、救生筏、救生衣;应急电源(应急电瓶);手提双向甚高频无线电话、应急卫星示位标、雷达应答系统、船舶航行数据记录器;应急舵、速闭阀等。

二、船舶营运方式

（一）班轮运输

1. 班轮运输的概念

班轮运输(liner shipping)又称定期船运输,是指船舶按照事先制订的船期表,在特定的航线上,以既定的挂靠港口顺序,经常性地从事航线上各港口之间的船舶运输。

20 个世纪 60 年代后期,随着集装箱运输的发展,班轮运输又进一步分化为传统的杂货船班轮运输和集装箱船班轮运输。由于使用集装箱船进行运输装卸方便快捷,货运质量高,而且便于开展多式联运,于是,越来越多的集装箱船班轮运输已经逐渐取代了传统的杂货船班轮运输。

2. 班轮运输的基本特点

① 在货物装船之前,船货双方通常不书面签订运输合同或租船合同,而是在货物装船以后,由船公司或其代理签发提单,并以此为依据处理运输中有关的问题。

② 承运人在装货港指定的码头仓库接收货物,并在卸货港的码头仓库向收货人交付货物。

③ 承运人负责包括装货、卸货和理舱在内的作业及相关费用。

④ 承运人与货主之间不规定装卸时间,也不计算滞期费和速遣费。

（二）租船运输

1. 租船运输的概念

租船运输（tramp shipping 或 shipping of chartering）又称不定期船运输。它是一种既没有确定的船期表，也没有固定的航线和挂靠港口，而是根据货源情况，安排船舶就航的航线，组织货物运输的船舶营运方式。

租船运输是通过船东（shipowner）与租家（charterer）之间签订运输合同来进行海上货物运输的基本营运方式。在这种运输方式下，船东提供给租家使用的可以是整条船，也可以是部分舱位。

3. 租船运输的基本特点

① 依据租船合同明确船东与租家的权利、义务、责任与风险。船东与租家要先签订租船合同才能安排船舶营运。租船合同中除了需规定船舶就航的航线、载运的货物种类及停靠的港口外，还需具体定明双方的权利、义务、责任与风险。

② 租船运输的运费或租金水平的高低，直接受租船合同签订时的航运市场行情波动的影响。世界的政治经济形势、船舶运力供求关系的变化，以及通航区域的季节性气候条件等，都是影响运费或租金水平高低的主要因素。

③ 没有确定的航线、船期和挂靠港。船东对于船舶的航线、航行时间和货载种类等按照租家的要求来确定。

④ 租船运输中的有关船舶营运费用及开支取决于不同的租船方式，由船东和租家分担，并在租船合同中订明。

⑤ 特别适合整船或整舱大宗散货的运输。租船运输主要服务于专门的货运市场，承运大宗类货物，如谷物、油类、矿石、煤炭、木材、砂糖、化肥、磷灰土等，并且一般都是整船装运的。

3. 租船运输的方式

（1）航次租船

航次租船（voyage charter）又称程租，是指船东提供船舶，在约定的港口之间，运送合同约定的货物，进行一个航次或数个航次的租船方式。船舶的经营及经营费用均由船东自己负责，只向租家收取定额的运费的租船方式。船东提供给租家使用的可以是整船，也可以是部分舱位。

（2）定期租船

定期租船（time charter）又称期租，是指船东把船舶租给租家，在预定的期限内，按合同约定的用途使用，并由租家支付租金的租船方式。在租期内，租家根据租约规定的航行区域自行安排挂靠港口、货载及调度。租期一般以月或年来计算。租金以每天或载重吨为单位按月支付。

（3）光船租赁

光船租赁（bareboat charter）又称光租，是指船东向租家提供不配备船员的空船，在约定的期间内，由租家占有、使用和营运，并向船东支付租金的租船方式。

严格地讲，光船租赁方式并不具有承揽运输的性质，而是一种财产的租赁。租期内，租家从船东那里租用一艘空船，占有并负责船舶的营运、管理，承担全部的营运费用和航次费用。

同时,租家要负责船长、船员的配备、补给,发放工资、补贴等。所以,光船租赁也称船壳租赁。

三、港口主要设施

(一)港口水域

1. 航道

航道是指在内河、湖泊、港湾等水域内供船舶安全航行的通道。为了保证船舶能够安全方便地进出港口,航道必须具有与通航船舶相应的深度、宽度和弯曲半径。所以,航道一般设在天然水深良好、有适当宽度、水流速度较缓,受潮流影响比较小的水域。

如果航道的天然水深或宽度不够,需要人工挖掘,那么应该尽量设计为直线,避免或减少弯道,因为弯道会给船舶进出港口造成一定的困难。

由于航道只是水域的一部分,为了保证船舶安全方便地沿着航道行驶,就需用标志标示出航道的位置和范围,这种标志称为航标。

2. 航标

航标是为了引导船舶安全、经济的航行而设置的人工标志。航标一般设在航道、锚地或险滩的位置。它可以分为视觉航标、音响航标和无线电航标。

(1)视觉航标

视觉航标能使驾驶人员通过直接观测迅速辨明水域,安全航行,是使用最多、最方便的航标。视觉航标有发光的也有不发光的。不发光的航标一般颜色鲜明,只能供白天观测;而发光的目视航标则可以日夜使用。常见的视觉航标有浮标、立标、灯塔、灯船等。

(2)音响航标

音响航标是指以音响传送信息,引起航海人员注意的助航标志。它可在雾、雪等能见度不良的天气中,向附近的船舶警示有碍航物或危险。音响航标可以分为空中音响航标和水中音响航标。

空中音响航标以空气作为传播介质,是使用最早、最普遍的音响航标。它包括雾钟、雾号、雾锣、雾哨和雾炮等。水中音响航标是以水为传播介质,常用的有水中钟、水中定位系统和水中震荡器。

水中音响比空中音响传播得远,但是要求船上必须有收听仪器,因此,水中音响航标在实践中使用得很少。

(3)无线电航标

无线电航标是利用无线电波传送信息,供船舶定位和导航的助航设施。无线电航标能在大雾或极其恶劣的气候条件下,向远处的船舶提供定位、导航。

3. 锚地

锚地是供船舶抛锚停泊、避风、联检或进行装卸、过驳作业的水域。作为锚地的水域,要求水深适当,底质为泥质或砂质,有足够的锚位,不妨碍其他船舶的正常航行。

海港中的锚地分为港外锚地和港内锚地。港外锚地设在港外,主要是供船舶在进港前停泊等待引航或接受海关、边防检查及检疫用,大船如果遇到台风可以在港外锚地避风。港内锚地一般设在有掩护的水域,主要供船舶等候靠泊码头或进行水上过驳作业用。而河港的锚地一般只是用来进行水上过驳作业、船舶待泊或驳船船队编组。

船舶在锚地的停泊方式一般有两种。一种是船舶自行抛锚停泊,在港外锚地一般采用这种方式;另外一种是系缆停泊,也就是把船上的缆绳系在浮筒、船桩或趸船(用锚固定,可系泊,可作为驳船)上,在港内锚地多采用这种方式。

4. 港池

港池是供船舶靠离码头、装卸货物的毗邻码头的水域。它要提供船舶停泊、转头,进行装卸作业,所以港池包括三个部分:港内锚地、回旋水域和码头前沿水域。

船舶在靠离码头、进出港口的过程中需要转头或更改航向时,要用到回旋水域。回旋水域的宽度必须大于通航船舶的长度,而且留有余量。所以在设计港口的回旋水域时,通常要考虑通航船舶的尺度、转头方式、水流、风速以及拖轮的配备等。

港池要有足够的面积和水深,要求风浪小和水流平稳。港池有的是由天然地势形成的;有的是由人工建筑物掩护而成的;有的是人工开挖海岸或河岸形成的(挖入式港池)。

(二)港口陆域

1. 码头岸线

码头岸线根据船舶吃水深度和使用性质等的不同,一般分为深水岸线、浅水岸线和辅助作业岸线等。港口各类码头岸线的总长度是港口规模的重要标志。

2. 码头泊位

泊位,原来是航海的一个专用术语,是指港区内能停靠船舶的位置。后来人们以此借喻,扩大了泊位的使用范围,把停放车辆称为"泊车",把能停放车辆的位置称为"泊位"。码头泊位指的就是港区内供船舶安全停泊并进行装卸作业所需要的空间。这个空间包括水域、陆域和泊位上的设施(系缆桩、靠船桩等)。

3. 港口库场

港口库场是港区内用于货物集散、存储、作业、运输处理的建筑物的统称。这些建筑物因为建筑结构、建筑材料及用途的不同可以分为以下几种。

(1)仓库

仓库一般为封闭的建筑物,常见的有平房仓库、楼房仓库、罐式仓库。仓库具有防风雨、雪、潮、日晒的功能,用于存放需要防潮、防湿、防晒的货物,如日用百货、纸制品、粮食、化肥等。针对一些货物的特性,许多件杂货码头设计并建造了一些专门的仓库,如冷藏仓库、油库、粮食筒仓、危险品仓等。应该说,仓库是件杂货港口库场中最重要的设施。

(2)堆场

堆场适用于存放不易被雨水、日晒损害的货物,如集装箱,在有铺垫苫盖的条件下,也可以用于堆放普通件杂货。

(3)货棚

货棚又称半露天库房,只有棚顶,四周不围闭。货棚主要用于遮挡雨水和阳光,具有良好的通风条件,并方便搬运堆装操作。货棚有固定和可移动两种形式。如果港口存放的重大件和挥发危险气体的货物较多,则可以建造固定式的货棚;而季节性使用的港口则可以设计成流动式货棚,供雨季使用。

（4）水上仓库

有些江河港口陆域的可存货面积不够,会建立浮码头或用围闭水域的方法来建造水上仓库,从而增加港口的存货能力。

不同的港口库场,其建筑物的类别和需要的面积不同,如在港口的杂货码头需要使用仓库、货棚、堆场等多种建筑物,并需要较大的占地面积;而集装箱码头只需要大量的堆场和少量的后方仓库进行装拆箱作业;油品码头只需要油槽和管道。

（三）港口水上工程建筑

1. 船闸

船闸是一个厢形的通航建筑物。通过向闸内的航道灌水或泄水,来升降水位,使船舶能克服航道上的水位落差。

2. 防波堤

防波堤是为了阻断海浪的冲击力、维持港池内的水面平稳,便于船舶安全停泊和作业而修建的水中建筑物。防波堤还可以从一定程度上防止港池的泥沙积累,减轻港口的清淤作业,它是人工掩护的沿海港口的重要组成部分。

3. 护岸

因为波浪的拍击和水流的冲刷会对码头的岸滩造成侵蚀和损坏,为此,码头通常建有护岸来直接承受波浪的拍击和水流的冲刷,或减轻波浪和水流对岸滩的影响。

四、船舶靠/离港流程

（一）船舶靠港

① 船舶驶入港口水域。

② 向港务当局申请安排引航。

由于船长不一定会经常进出停靠的港口、水道等,对该水域的水深、潮汐、水流等不太熟悉,为了航线安全,需雇用熟悉当地水域的引航员(也称引水员)协助船长进出港口等。

引航员是指一个港口负责将到港的船舶引领进港的人员。每个港口或内河一般都设有引航单位。我国船舶申请引航作业大多是考虑到进港安全的商业行为,而外籍船舶进港引航则是《中华人民共和国海上交通安全法》的强制要求。目前,大多数的船舶装有自动识别系统(Automatic Identification System,AIS),为了方便引航员安全引领船舶进出港,许多港口的引航员配有便携式 AIS 系统,引航员上船后,将该装备插在船上的引航员插头上,即可读取该轮的 AIS 数据,便于引航员通过自己携带的终端设备引领船舶。在长江等内河水域,一般建设引航公司,船舶进出长江,由引航公司指派引航员分段引领船舶进出。

③ 若港区内船舶较多,业务繁忙,没有空闲泊位,则船舶需要在锚地内抛锚等泊;有船舶作业完毕驶离泊位后,通过引航进入航道。

④ 如果船舶载重吨较大,无法自己准确地完成靠泊作业,则船舶需要申请拖轮作业,协

助船舶完成靠泊作业。

拖轮又称拖船,是用来拖曳没有自航能力的船舶、木排或协助大型船舶进出港口、靠离码头,或作为救助海洋遇难船只的船舶。拖船没有装载货物的货舱,船身不大,但装有大功率的推进主机和拖曳设备,具有"个子小、力气大"的特点。拖船分海洋拖船、港作拖船和内河拖船。拖轮具有以下特点。

A. 拖轮船身小,船上没有装载货物的船舱,构造坚固。

B. 拖轮上的动力装置功率大,所以具有较大的拖带能力。

C. 船上还备有拖带设备,利用拖带运输方式,拖带没有动力的船舶。

⑤ 到达泊位后,船舶抛锚系缆完成后,船舶开始进行装卸作业。

(二)船舶离港

① 船舶装卸完工前,会和港口码头确定离港时间。一般在离港前一个小时会进行船舶开航前的备车准备。备车的目的是使船舶动力装置处于随时可启动和运转状态。备车内容包括:供电准备;校对时钟、车钟;校对舵机;暖机;各动力系统的准备;转车、冲车和试车等。

② 船舶离泊。船舶离泊可能会借助拖轮安全地驶离港口。

③ 引航员上船,引领船舶驶离港口。

五、船舶进出口岸查验机构

口岸是指供人员、货物和交通工具出入国境的港口、机场、车站、通道等。口岸的主体有航运、装卸、航务单位,检验检查单位,外贸进出口单位等。船舶代理需要熟悉口岸单位的性质、主要业务、规定、习惯做法、联系渠道等信息,以便顺利地为委托方服务。

负责船舶进出我国口岸的检查机关为海事局、海关、边防和检验检疫局。它们代表国家行使监督、检查、检验职能,在船舶进出港过程中,发挥了最重要的监管作用。

(一)海事局

中华人民共和国海事局是在原中华人民共和国港务监督局(交通安全监督局)和原中华人民共和国船舶检验局(交通部船舶检验局)的基础上,合并组建而成的,为交通运输部直属机构,实行垂直管理体制,履行水上交通安全监督管理、船舶及相关水上设施检验和登记、防止船舶污染和航海保障等行政管理和执法职责。其主要职责如下。

① 制定和组织实施国家水上交通安全监督管理、船舶及相关水上设施检验和登记、防治船舶污染和航海保障的方针、政策、法规和技术规范、标准。

② 统一管理水上交通安全和防治船舶污染。监督管理船舶所有人安全生产条件和水运企业安全管理体系;调查、处理水上交通事故、船舶污染事故及水上交通违法案件;指导船舶污染损害赔偿工作。

③ 负责船舶、海上设施检验行业管理以及船舶适航和船舶技术管理;管理船舶及海上设施法定检验、发证工作;审定船舶检验机构和验船师资质,负责对外国验船组织在华设立代表机构进行监督管理,负责中国籍船舶登记、发证、检查和进出港(境)签证;负责外国籍船舶入出境及在我国港口、水域的监督管理;负责船舶保安和防抗海盗管理工作;负责船舶载

运危险货物及其他货物的安全监督。

④ 负责船员、引航员、磁罗经校正员适任资格培训、考试、发证管理。审核和监督管理船员、引航员、磁罗经校正员培训机构资质及其质量体系;负责海员证件的管理工作。

⑤ 管理通航秩序、通航环境。负责禁航区、航道(路)、交通管制、锚地和安全作业区等水域的划定;负责禁航区、航道(路)、交通管制区、锚地和安全作业区等水域的监督管理,维护水上交通秩序;核定船舶靠泊安全条件;核准与通航安全有关的岸线使用和水上水下施工、作业;管理沉船沉物打捞和碍航物清除;管理和发布全国航行警(通)告,办理国际航行警告系统中国国家协调人的工作;审批外国籍船舶临时进入我国非开放水域;办理港口对外开放的有关审批工作和中国便利运输委员会的日常工作。

⑥ 负责航海保障工作。管理沿海航标、无线电导航和水上安全通信;管理海区港口航道测绘并组织编印相关航海图书资料;归口管理交通行业测绘工作;承担水上搜寻救助组织、协调和指导的有关工作。

⑦ 组织实施国际海事条约;履行"船旗国"、"港口国"及"沿岸国"监督管理义务,依法维护国家主权;负责有关海事业务国际组织事务和有关国际合作、交流事宜。

⑧ 组织编制全国海事系统中长期发展规划和有关计划;管理所属单位基本建设、财务、教育、科技、人事、劳动工资、精神文明建设工作;负责船舶港务费、船舶吨税、船舶油污损害赔偿基金等有关管理工作;受交通运输部委托,承担港口建设费征收的管理和指导工作;负责全国海事系统统计和行风建设工作。

⑨ 承办交通运输部交办的其他事项。

(二)海关

中华人民共和国海关是国家进出境监督管理机关,实行垂直领导体制,主要职责如下。

① 进出境监督。对进出境的运输工具、货物、行李物品、邮递物品和其他物品进行监督。

② 征收关税和其他税。海关税收是国家财政收入的重要来源,也是国家实施宏观调控的重要工具。中国海关除担负征收关税任务外,还负责对进口货物征收进口环节增值税和消费税。

③ 查缉走私。负责组织、协调和管理缉私工作,对查货的走私安检统一处理。

④ 编制海关统计。对国家进出口货物贸易统计,负责对进出中国关境的货物进行统计调查和分析,科学、准确地反映对外贸易的运行态势,实施有效的统计监督。

国际航行船舶进出境必须向海关申报,办理有关船舶、船员及其所装载货物的申报手续。船舶代理需要向海关办理船舶的进出境手续,完成船舶申报单证的填写和递交、办理船舶吨税执照、外籍船的关封等。

(三)边防检查站

出入境边防检查机关是国家设在对外开放口岸的出入境检查管理机关,履行我国法律赋予的国家行政事权,主要职责如下。

① 对出境、入境的人员及其行李物品,交通运输工具及其载运的货物实施边防检查。

② 按照国家有关规定对出境、入境的交通运输工具进行监护。

③ 对口岸的限定区域进行警戒,维护出入境秩序。

④ 执行主管机关赋予的和其他法律、行政法规规定的任务。

(四)检验检疫局

出入境检验检疫局是主管出入境卫生检疫、动植物检验检疫局和商品检验的行政执法机构,主要职责如下。

① 对船体的消毒检验、船员健康的检验、进出口吉箱的检验等。

② 检疫手续的办理,包括检疫申报,确定检疫方式和提交相关单证等方面内容。

③ 灭鼠。最常用的灭鼠消毒方法主要是熏蒸消毒。

④ 预防接种。对于航行于国际航线的船舶的船员,各个国家都要求对他们进行检疫传染疫苗的预防接种。

六、集装箱基础知识

(一)集装箱的定义

一般而言,集装箱是指经过专门设计、符合一定标准、满足一条件,有一定强度、刚度和规格专供使用的大型容器。使用集装箱转运货物,可直接在发货人的仓库装货,运到收货人的仓库卸货,中途更换车、船时,无须将货物从箱内取出换装。国际标准化组织(ISO)对集装箱的定义如下。

集装箱是一种运输设备,应满足以下要求。

① 具有耐久性,其坚固强度足以反复使用。

② 便于商品运送而专门设计的,用一种或多种运输方式运输时无须中途换装。

③ 设有便于装卸和搬运的装置,特别是便于从一种运输方式转移到另一种运输方式。

④ 设计时应注意便于货物装满或卸空。

⑤ 内容积为 1 平方米或 1 平方米以上。

(二)集装箱的标准

集装箱的标准化有利于全球集装箱货运市场的繁荣与高效运作。国际标准集装箱是指根据国际标准化组织(ISO)第 104 技术委员会制定的国际标准来建造和使用的国际通用的标准集装箱。目前,通用的国际标准集装箱为第 1 系列,有 13 种规格,其参数如表 1-1 所示。

表 1-1　第 1 系列集装箱规格尺寸和总重量

规格 (ft)	箱　型	长		宽		高		最大总重量	
		公制(mm)	英制(ft in)	公制(mm)	英制(ft in)	公制(mm)	英制(ft in)	kg	lb
40	1AAA	12 192	40′	2 438	8′	2 896	9′6″	30 480	67 200
	1AA					2 591	8′6″		
	1A					2 438	8′		
	1AX					<2 438	<8′		

（续表）

规格 （ft）	箱型	长		宽		高		最大总重量	
		公制（mm）	英制（ft in）	公制（mm）	英制（ft in）	公制（mm）	英制（ft in）	kg	lb
30	1BBB	9 125	29′11.25″	2 438	8′	2 896	9′6″	25 400	56 000
	1BB					2 591	8′6″		
	1B					2 438	8′		
	1BX					<2 438	<8′		
20	1CC	6 058	19′10.5″	2 438	8′	2 591	8′6″	24 000	52 900
	1C					2 438	8′		
	1CX					<2 438	<8′		
10	1D	2 991	9′9.75″	2 438	8′	2 438	8′	10 160	22 400
	1DX					<2 438	<8′		

为便于计算集装箱数量,人们以20英尺(Twenty-foot Equivalent Units,TEU)的集装箱作为换算标准箱。20 ft的集装箱与其他规格集装箱的换算方法为:20 ft集装箱=1 TEU;40 ft集装箱=2 TEU;30 ft集装箱=1.5 TEU;10 ft集装箱=0.5 TEU。

（三）集装箱类型

随着集装箱运输的发展,为适应装载不同种类货物的需要,出现了不同种类的集装箱。这些集装箱不仅外观不同,而且结构、强度、尺寸等也不相同。

1. 根据集装箱的用途分类

（1）干货集装箱

干货集装箱(dry cargo container)也称通用集装箱或杂货集装箱,用以装载除液体货物、需要调节温度货物及特种货物以外的一般件杂货。这种集装箱的使用范围极广,常用的有20 ft和40 ft两种。其结构特点是常为封闭式,一般在一端或侧面设有箱门。

（2）开顶集装箱

开顶集装箱(open top container)也称敞顶集装箱,是一种没有刚性箱顶的集装箱,但有可折式顶梁支撑的帆布、塑料布或涂塑布制成的顶篷,其他构件与干货集装箱类似。开顶集装箱适于装载较高的大型货物和需吊装的重货。

（3）台架及框架集装箱

台架集装箱(platform based container)是没有箱顶和侧壁,甚至有的连端壁也去掉而只有底板和四个角柱的集装箱。台架集装箱没有水密性,怕水湿的货物不能装运,适合装载形状不一的货物。台架集装箱可分为敞侧台架式、全骨架台架式、有完整固定端壁的台架式、无端仅有固定角柱和底板的台架式集装箱等。平台式集装箱是仅有底板而无上部结构的一种集装箱。该集装箱装卸作业方便,适于装载长、重大件。

（4）通风集装箱

通风集装箱(ventilated container)一般在侧壁或端壁上设有通风孔,适于装载无须冷冻而需通风、防止汗湿的货物,如水果、蔬菜等。如将通风孔关闭,可作为杂货集装箱使用。

（5）冷藏集装箱

冷藏集装箱(reefer container)是专为运输要求保持一定温度的冷冻货或低温货而设计的集装箱,又称之为恒温恒湿箱。它分为带有冷冻机的内藏式机械冷藏集装箱和没有冷冻机的外置式机械冷藏集装箱。其适于装载肉类、水果等货物。冷藏集装箱造价、营运费用较高,使用中应注意冷冻装置的技术状态及箱内货物所需的温度。温度可在 -28℃ 至 +26℃ 之间调整。内置式集装箱在运输过程中可随意启动冷冻机,使集装箱保持指定温度;而外置式则必须依靠集装箱专用车、船和专用堆场、车站上配备的冷冻机来制冷。

（6）散货集装箱

散货集装箱(bulk container)除了有箱门外,在箱顶部还设有 2 至 3 个装货口,适于装载粉状或粒状货物。使用时要注意保持箱内清洁干净,两侧保持光滑,便于货物从箱门卸货。

（7）动物集装箱

动物集装箱(pen container)是一种专供装运牲畜的集装箱。为了实现良好的通风,箱壁用金属丝网制造,侧壁下方设有清扫口和排水口,并设有喂食装置。

（8）罐式集装箱

罐式集装箱(tank container)是一种专供装运液体货而设置的集装箱,如酒类、油类及液状化工品等货物。它由罐体和箱体框架两部分组成,装货时货物由罐顶部装货孔进入,卸货时则由排货孔流出或从顶部装货孔吸出。

（9）汽车集装箱

汽车集装箱(car container)是专为装运小型轿车而设计制造的集装箱。其结构特点是无侧壁,仅设有框架和箱底,可装载一层或两层小轿车。由于集装箱在运输途中常受各种力的作用和环境的影响,因此集装箱的制造材料要有足够的刚度和强度,应尽量采用质量轻、强度高、耐用、维修保养费用低的材料,并且材料既要价格低廉,又要便于取得。

2. 根据集装箱的主体材料分类

（1）钢制集装箱

钢制集装箱的框架和箱壁板皆用钢材制成。其主要优点是强度高、结构牢、焊接性和水密性好、价格低、易修理、不易损坏;主要缺点是自重大、抗腐蚀性差。

（2）铝制集装箱

铝制集装箱有两种:一种为钢架铝板;另一种仅框架两端用钢材,其余用铝材。其主要优点是自重轻、不生锈、外表美观、弹性好、不易变形;主要缺点是造价高、受碰撞时易损坏。

（3）不锈钢制集装箱

一般多用不锈钢制作罐式集装箱。不锈钢制集装箱的主要优点是强度高、不生锈、耐腐性好;主要缺点是投资大。

（4）玻璃钢制集装箱

玻璃钢集装箱是在钢制框架上装上玻璃钢复合板构成的。其主要优点是强度大,隔热性、防腐性和耐化学性均较好,能承受较大压力,易清扫,修理简便,集装箱内容积较大等;主要缺点是自重较大,造价较高。

（四）集装箱箱号

标准集装箱箱号(见图 1-2)由 11 位编码组成,包括三个部分。

① 第一部分由 4 位英文字母组成。前 3 位为箱主代号,由集装箱所有人向国际集装箱局登记注册的 3 个大写的拉丁字母表示,如中远集团自有箱的箱主代号之一是 COS。第 4 位为识别代号,是紧接着箱主代号的第 4 位字母,用以表示集装箱的类型。最常见的识别代号是 U,用于表示所有常规的集装箱,另外 J 表示带有可拆卸的集装箱,Z 表示集装箱的拖车和底盘车。

② 第二部分由 6 位数字组成,是箱体注册码,用于一个集装箱箱体持有的唯一标志。如有效数字不是 6 位时,则在有效数字前用 0 补足 6 位,以区别于同一箱主的集装箱,如 000789。

图 1-2 集装箱箱号

③ 第三部分为校验码,又称核对数字,是用来对箱主代号和顺序号记录是否准确的依据。它位于箱号后,以一位阿拉伯数字加一方框表示,即第 11 位数字。

核对数字或校验码不由箱主公司制定,而是按规定的计算方法算出,用来检验、核对箱主代号、识别代号与箱体注册码在数据传输或记录时的正确性与准确性。它与箱主代号、识别代号和箱体注册码有直接的关系。

(五)整箱货与拼箱货

1. 整箱货

整箱货(Full Container Load,FCL)为拼箱货的相对用语,是由发货人负责装箱、计数、积载并加铅封的货运形式。整箱货的拆箱,一般由收货人办理,也可以委托承运人在货运站拆箱,但是承运人不负责箱内的货损、货差。除非货方举证确属承运人责任事故的损害,承运人才负责赔偿。承运人对整箱货以箱为交接单位。只要集装箱外表与收箱时相似和铅封完整,承运人就完成了承运责任。整箱货提单上,要加上"委托人装箱、计数并加铅封"的条款。

2. 拼箱货

拼箱货(Less than Container Load,LCL)为整箱货的相对用语,指装不满一整箱的小票货物。这种货物通常是由承运人分别揽货,并在集装箱货运站或内陆站集中,而后将两票或两票以上的货物拼装在一个集装箱内,同样要在目的地的集装箱货运站或内陆站拆箱分别交货。对于这种货物,承运人要负担装箱与拆箱作业,装拆箱费用仍向货方收取。承运人对拼箱货的责任,基本上与传统杂货运输相同。

(六)集装箱货物的交接

1. 交接地点

货物运输中的交接地点是指根据运输合同,承运人与货方交接货物、划分责任风险和费用的地点。目前集装箱运输中货物的交接地点有门(双方约定的地点)、集装箱堆场、船边或吊钩、集装箱货运站。

(1)门

门(door)指收发货人的工厂、仓库或双方约定收、交集装箱的地点,在多式联运中经常使用,是整箱货(FCL)的交接场所。

(2)集装箱堆场

集装箱堆场(Container Yard,CY)是交接和保管空箱和重箱的场所,是整箱货(FCL)的交接场所。

(3)船边或吊钩

船边或吊钩(ship's rail or hook/ tackle)指装货港、卸货港装卸船边或码头集装箱装卸吊具,并以此为界区分运输装卸费用的责任界限,是整箱货(FCL)的交接地点。

(4)集装箱货运站

集装箱货运站(Container Freight Station,CFS)简称站,是拼箱货交接和保管的场所,也是拼箱货(LCL)装箱和拆箱的场所。

2. 交接方式

在集装箱运输中,根据实际交接地点不同,集装箱货物的交接有多种方式,在不同的交接方式中,集装箱运输经营人与货方承担的责任、义务不同,集装箱运输经营人的运输组织内容、范围也不同。集装箱货物的交接方式有以下几种。

(1)"门到门"(door to door)交接方式

该方式是指运输经营人由发货人的工厂或仓库接收货物,负责将货物运至收货人的工厂或仓库交付。在这种交付方式下,货物的交接形态都是整箱交接。

(2)"门到场"(door to CY)交接方式

该方式是指运输经营人在发货人的工厂或仓库接收货物,并负责将货物运至卸货港码头堆场或其内陆堆场,在堆场向收货人交付。在这种交接方式下,货物也都是整箱交接。

(3)"门到站"(door to CFS)交接方式

该方式是指运输经营人在发货人的工厂或仓库接收货物,并负责将货物运至卸货港码头的集装箱货运站,或其在内陆地区的货运站,经拆箱后向各收货人交付。在这种交接方式下,运输经营人一般是以整箱形态接收货物,以拼箱形态交付货物。

（4）"场到门"（CY to door）交接方式

该方式是指运输经营人在码头堆场或其内陆堆场接收发货人的货物（整箱货），并负责把货物运至收货人的工厂或仓库，向收货人交付。

（5）"场到场"（CY to CY）交接方式

该方式是指运输经营人在装货港的码头堆场或其内陆堆场接收货物（整箱货），并负责运至卸货港码头堆场或其内陆堆场，在堆场向收货人交付（整箱货）。

（6）"场到站"（CY to CFS）交接方式

该方式是指运输经营人在装货港的码头堆场或其内陆堆场接收货物（整箱货），并负责运至卸货港码头集装箱货运站，或其在内陆地区的集装箱货运站，一般经拆箱后向收货人交付。

（7）"站到门"（CFS to door）交接方式

该方式是指运输经营人在装货港码头的集装箱货运站或其内陆的集装箱货运站接收货物（经拼箱后），负责运至收货人的工厂或仓库交付。在这种交接方式下，运输经营人一般是以拼箱形态接收货物，以整箱形态交付货物。

（8）"站到场"（CFS to CY）交接方式

该方式是指运输经营人在装货港码头集装箱货运站或其内陆的集装箱货运站接收货物（经拼箱后），负责运至卸货港码头堆场或内陆堆场交付。在这种方式下，货物的交接形态同站到门交接方式。

（9）"站到站"（CFS to CFS）交接方式

该方式是指运输经营人在装货港码头集装箱货运站或其内陆的集装箱货运站接收货物（经拼箱后），负责运至卸货港码头集装箱货运站或其内陆地区的集装箱货运站，经拆箱后向收货人交付。在这种方式下，货物的交接形态一般都是拼箱交接。

以上9种交接方式是集装箱运输中集装箱货物基本的交接方式。除装货港码头堆场（或装货港码头集装箱货运站）到卸货港码头堆场（或卸货港码头集装箱货运站），交接方式适用于海运单一方式运输（包括海上转运）外，其他交接方式都是集装箱货物多式联运下的交接方式。

知识链接

中国船舶代理及无船承运人协会

中国船舶代理及无船承运人协会（CASA）是经交通运输部批准从事国际海运船舶代理和从事无船承运业务的企业组成的行业组织，于2001年6月8日在北京成立。它是按照中华人民共和国国务院颁布的《社会团体登记管理条例》规定，在中华人民共和国民政部注册登记的全国性社会团体，接受交通运输部的业务指导和民政部的监督管理。

一、CASA的宗旨

CASA贯彻政府航运政策，以行业服务为中心开展活动。其宗旨为：在政府与企业间起桥梁、纽带作用，反映会员的愿望，维护会员的正当权益，维护公平竞争的市场环境，受政府委托,协助政府进行行业管理,协调船舶代理企业及无船承运人的经营活动,帮助会员提高管理水平,提供优质服务,促进我国航运事业的发展,以适应国家发展经济和开展对外贸易运输的需要。

二、CASA 成员与机构

CASA 的会员单位有国营企业,也有私营企业,还有中外合资企业。会员单位中既有专门从事船舶代理业务的企业,又有既从事船舶代理业务又从事货运代理业务的企业,还有从事现代物流的企业。截至 2017 年 12 月,协会共有会员单位 380 家,其中,理事单位 59 家,常务理事单位 35 家。协会的秘书处为日常办公机构,设有办公室、行业事务部、对外联络部和信息资料部四个部门及无船承运业务专业委员会,并在天津、上海、青岛、广州设立办事处。

三、CASA 的活动

(一)规范船舶代理费收行为

1994 年交通部曾经发布《航行国际航线船舶代理费收项目和标准》,当时我国的国际船舶代理行业由国家来确定费收标准。2003 年 12 月 2 日,《航行国际航线船舶代理费收项目和标准》被废止,国际船舶代理行业价格由国家定价改由市场定价。由于船代市场竞争的需要,个别船舶代理公司采用低价进行竞争,船舶代理费率变化很大。2004 年 6 月,为了使国际船舶代理费率在相对稳定的范围内变化,规范船代市场价格行为,保证船舶代理行业的健康有序发展,CASA 公布了《航行国际航线船舶代理费收项目和建议价格》。这一建议价格的推出,为规范我国目前尚不成熟的船舶代理市场价格行为起到了积极作用,在实践中起着指导性的作用。

(二)换发国际船舶代理经营资格登记证(以下简称登记证)

船舶代理公司必须在有效期截止前换发新的登记证,逾期没有换发的,视为自动放弃经营资格,不得继续经营国际船舶代理业务。对不符合《国际海运条例》及其实施细则规定条件的企业将不予换发新的登记证,并依法对国际船舶代理经营活动的违规行为进行处罚。

CASA 所做的换证工作是贯彻《国际海运条例》及其实施细则的重要内容,是加强对国际船舶代理企业监督和管理的重要环节,对了解国际海运企业经营现状和评估相关法律制度具有重要意义。

(三)行业咨询

CASA 提供行业新闻,如船舶代理行业新闻,也提供航运、经贸新闻。CASA 还公告相关政策,会员通过该协会可了解相关的信息及发展动向。

第二章

船舶代理内勤业务

知识目标

1. 了解船代内勤业务流程。
2. 掌握港口使费备用金的概念及估算方法。
3. 认知船代进出口业务单证。
4. 熟悉船舶动态报及航次结算工作。

能力目标

1. 能够准确估算港口使费备用金。
2. 能够说明船代业务单证的操作要点。
3. 能够编写船舶动态报。
4. 能够制作航次结算单。

第一节　船代内勤业务流程

任务导入

　　为了规范船代内勤操作程序,提高工作效率,天津阳光船舶代理有限公司总经理要求内勤业务部制作一份内勤工作指导书。请模拟内勤部经理的工作,汇总各内勤业务员的工作内容,梳理船代内勤的业务流程,制作出一份详实的船代内勤工作指导书。

任务分析

　　船舶代理工作通常分为内勤和外勤两部分。对于代理的每一艘船舶,船代内勤的工作都是从船舶抵港之前就已开始,直至船舶离港后资料归档为止。在该工作过程中涉及的工作岗位一般有多种,如计划调度员、值班调度员、单证员、商务结算员等。虽然各国船舶代理公司设置的内勤岗位不尽相同,但船代内勤的主要工作内容基本一致。为了制作出完整详实的船代内勤工作指导书,需要汇总船代公司内勤各岗位的工作内容与流程,并整理成文,作为公司相关岗位的操作规程执行。

任务实施

由于散杂货船的运输量占世界海运货量的大部分,下面以散杂货船舶代理为例,制作船代内勤工作指导书。

一、目的

为确保公司所代理的船舶的正常运作,缩短船舶在港时间,减少船舶在港费用,不断完善和规范船务内勤操作程序,特制定本工作指导书。

二、岗位职责

负责委托审核、估算报价、建立船档、电子申报、计划调度、作业安排、报送动态、单证操作、费用结算、航次总结。

三、工作程序

(一)船舶抵港前

1. 接受委托和询价

内勤业务员在接到委托方委托时,首先要对委托进行审核,主要审核的内容如下。

① 审核委托方所委托办理的事项是否有违法行为。如有违法行为应拒绝接受此项委托。

② 委托事项是否超出我司的操作能力。如我司无力完成委托方所委托事项,应经主管经理同意后,婉言拒绝接受委托。

③ 船舶规范是否包含船名、国籍、呼号、航次、总吨、净吨、载重吨、吃水、船长、船宽、来自港、下一港。

④ 查询海关船舶动态中船舶备案的船舶规范,审核是否与委托中的船舶规范相符。如有不符必须及时通知委托方,寻求一致。

⑤ 航次任务是否明确。装卸货物的应注明货名、货量、包装和装卸条款;修船的应注明修船地和预计修船期限。

⑥ 委托方的联系电话、传真和联系人是否明确。

⑦ 其他委托事项是否明确。

如发现委托中有上述问题,应及时与委托方联系,取得完整的委托。

2. 报价

内勤业务员在审核委托或接受询价后,应及时向委托方进行报价。

① 以书面形式将港口使费报给委托方,并致电委托方确认是否收到。如委托方对港口使费报价有疑议,应及时给予答疑。

② 如果委托方要求对代理费进行打折或对整个港口使费进行包干处理,应及时请示经理后再做答复。

③ 在报价经委托方确认后,将最终确认的报价明确记录存档,方视为报价工作结束。

3. 建立档案

在接到委托后,内勤调度应及时建立有效的单船档案,做法如下。

① 将船舶进行编号。编号为 5 位,前 2 位表示年份,后 3 位为序号,编号以接到委托的时间顺序排序。

② 确定船舶外勤人员。根据外勤人员工作量、外勤人员的特长和委托方的要求等因素确定船舶外勤人员。

③ 根据委托填写单船工作记录。填写单船工作记录的首页,应保证所填写内容的准确性。如由于委托方的原因导致数据不准确,应在发现后及时在单船工作记录上给予更正,并在单船工作记录上记录更改时间、理由和更改项目。

④ 填制电子版船舶明细。船舶明细应包括船舶编号、中英文船名、航次任务、抵离港时间、泊位、委托方等项目。

⑤ 缮制单船费用结算单。首次填写应填写船名、负责人、船长、净吨、航次任务和经委托方确认的预估港口使费明细,其他项目应在得到确认后填写。

4. 船舶电子申报

向船长或委托方索要办理船舶进出口手续所需的船舶证书,以便向口岸查验机构办理船舶申报。

(1) 海事手续电子申报

船舶抵口前 7 天内向海事局发送国际航行船舶进口岸申请书,如图 2-1 所示。

(2) 海关手续电子申报

在确定船舶来港,核对完问询报及相关船舶资料后,负责申报的人员应将船长提供的船舶概况、证书、船员名单及物品等一系列申报相关资料录入船务管理系统。在资料录入后,船舶抵口前 3~7 天,申报人员需向海关发送船舶预报及电子舱单。在船舶抵口前 24 小时内,需向海关发送船舶确报。

申报人员在进行 EDI 电子舱单输入时,必须遵循海关的有关规定,同时需注意以下几个方面。

① 输入的中英文船名是否与船舶动态和纸面舱单格式完全一样。

② 输入的航次号是否具有唯一性,并与船舶动态和纸面舱单一致。

③ 对于进口车船直取的船舶,应尽量提前输入 EDI,以配合收货人有足够的时间进行报关。

④ 对于出口船舶,应在货主报关前向海关传输出口预配舱单,在船舶离港后的 72 小时内,向海关舱单管理部门传输清洁舱单电子数据。

⑤ 电子舱单的所有数据必须与纸面舱单和船舶动态保持一致。

对于需要更改的数据,船代应填写海关舱单更改单,并向海关舱单管理部门申请更改。

船名	中文			国籍	
	英文				
船舶所有人	中文			呼号	
	英文			IMO 编号	
船舶尺度	全长		宽度	船速	
总吨位		净吨位		载重吨	
建造时间		水面以上最大高度			
出发港		出发日期			
经过港口		预到日期		预靠泊位	
船舶类型		进口淡吃水	前 米、后 米		
预离日期		开往港口		出口最大淡吃水	

进口	旅客总数 名		其中	中国籍	男 名、女 名
				外国籍	男 名、女 名
	载货	名称		其中	普通货物 吨
		吨数 吨			危险货物 吨
出口	预计旅客总数 名		其中	中国籍	男 名、女 名
				外国籍	男 名、女 名
	预计载货	名称		其中	普通货物 吨
		吨数 吨			危险货物 吨

| 核准机关盖章

年 月 日 | 此 致
海 事
海 关
边防检查
检验检疫

代理人
年 月 日 |

图 2-1 国际航行船舶进口岸申请书

（3）卫检申报

在船舶抵口前 1～3 天，向卫检发送进境健康申报单及船员健康卡。

（4）边检申报

船舶进港前 2 小时内，核实船员名单、船舶资料、预靠港区等是否填写完整正确，确认无误后发送边检进口申报单。发送成功后及时接收回执，如有错误回执，及时修改并重新发送。

5. 计划调度

（1）安排泊位

在船抵港前,交代船长每天早上报告最新的船舶预计抵港时间(Estimated Time of Arrival,ETA),以便我司向港方汇报,安排靠泊计划。当船舶即将抵港,告知船长/船东(委托方)靠泊计划,并要求船长确认已知悉。然后,向海事局、边防检查站、检验检疫局发送动态计划表。对于超大型船舶,还需要向交通运输与港口管理局发送靠泊申请。

（2）安排验舱

对于船舶装载谷物、饲料等法定验舱的船舶,在船舶抵港前一天,必须将船舶的准确抵港时间通知商检,并在船舶实际抵达时或检疫完毕时再次通知商检安排人员登轮验舱。

（3）安排熏蒸

通常进口原木船、进口废钢船、出口玉米船需要熏蒸。对于需要代理安排熏蒸的船舶,内勤调度应在船舶抵达前通知相关部门做好熏蒸前的准备。对于货主安排熏蒸的船舶,也应在船舶抵达前告知货主船舶的准确 ETA ,并催促货主做好熏蒸前的准备。

（4）安排公估

对于散装船舶,在装卸货之前,货主、租家或委托方通常会进行水尺计量,即公估。内勤调度应在船舶抵达前了解该船是否需要公估,谁将负责公估费用,并在装卸货前和装卸货后通知有关方安排公估。

（二）船舶在港期间

1. 船舶在港作业安排

（1）安排检疫

在进境船舶抵达港口锚地后,首先要进行进境检疫,未经检疫的船舶任何人禁止上下。在进境船舶抵港前一天,内勤调度必须将船舶的准确动态报给检验检疫局检疫科。

（2）安排引航、拖轮

根据规定,非中国国籍的船舶靠泊国内港口时强制引航。申请船舶引航必须通过海事局总值班室,再由总值班室通知引航站安排引航。内勤调度在申请引航后,需向引航站确认引航员的准确登轮时间,并应引航站的要求,通知船长守听引航员频道。当船舶抵达引航站时,内勤调度应及时核实引航员是否上船,与委托方随时保持沟通。

引航作业需要使用拖轮,拖轮一般是由引航员根据实际情况来安排的,但船代有义务要求引航员尽量少使用拖轮或使用较小马力的拖轮,从而为委托方节省支出。

对于悬挂中国国旗的船舶,内勤调度应根据船长和委托方的指示来安排引水和拖轮。船长和委托方对此的意见必须统一。

（3）安排装卸作业

在船舶抵达作业码头后,内勤调度应及时与港方计划和调度联系,安排船舶及时作业,并在作业期间随时了解船舶装卸进度,因故停工的要了解停工原因,并反馈给委托方。如出现争议,应及时联系各有关方协调解决。

（4）安排其他委派事项

对于委托方委派的其他事项,应本着不违法、违规的原则,及时、周到、准确地完成所委派事项,确保代理工作的顺利进行。

2. 报送船舶动态

① 在船舶抵口之后,需向海关发送船舶进境申报单。如有进港、移泊、离港动态,需向海关申报电子动态(进港时间、停靠泊位、移泊时间、移泊泊位、离港时间、下一挂港),船舶有离港动态时,向海关发送船舶出境申报单。

② 内勤调度从接受代理委托后,应每天早 8:00 和晚 16:00 制作船舶动态日报(daily report),来向委托方通报货物备妥情况、泊位情况和船舶动态等。此外,遇到下列情况,内勤调度应第一时间报告船舶动态。

A. 在货物及手续备妥时,应及时通知委托方。

B. 在船舶抵港时,应及时向委托方发送抵港报(arrival report),告知船舶的抵港时间、抵港存油水、抵港吃水、靠泊计划等信息。

C. 在港务局的靠泊计划下达后,应及时向委托方发送靠泊报(berthing report)。如出现压港情况,必须详尽地跟踪了解船舶预靠泊位上的船舶动态和锚地等该泊位的船舶动态,直到我司代理的船舶靠泊,避免其他船舶插队。

D. 当船舶开始装卸作业时,应及时发送开工报。

E. 当船舶动态变更时,如发生移泊,应及时发送动态变更报。

F. 在船舶开航后,应及时向委托方发送离港报,告知船舶离港情况。

3. 单证操作

(1) 缮制单据

① 在收到装货订舱委托和卸货单据时,船代单证要至少缮制 7 份装卸货清单,并随同单船档案转交给外勤人员。

② 如果进口船舶无随船携带进口舱单,或卸货方式为车船直取,或货主由于特殊原因要求提前通关,船代单证应提前根据委托方提供的数据缮制进口舱单。

③ 船代单证应在外勤办理船舶出口手续之前,缮制出口舱单(至少 7 份),加盖公司单证章,交给外勤人员。出口舱单应与订舱委托一致,如货主要求更改项目,必须以书面形式在合理时间内通知单证员更改。

④ 对于进口船舶,船代单证在接到委托方书面放货指示后,应缮制提货单,并加盖提货专用章。在移交提货单给货主之前,必须严格审核货主的正本提单或副本提单和保函是否符合委托方的要求。

(2) 签发提单

在签发提单时,船代单证首先要核对大副签发的大副收据,要保证大副收据和所要签发的提单完全一致,包括货物数量、体积、完货时间、收发货人和通知方等。并且要将大副收据和要签发的提单一并传给委托方确认。

(3) 换单放货

在签发提货单时,船代的责任和风险较大,必须严格审核提单格式和提单内容,并需严格遵循委托方的放货指示。如果委托方的指示不明确,如委托方指示"同意放货",则不能立即放货,而需重新要求委托方给予明确的书面指示,如"请凭此正本提单放货"和"凭此提单副本和此正本保函放货",方可签发提货单给货主。每票提货单应向货主收取换单费。

（三）船舶离港后

1. 发送单据

在船离港后,应尽快将离港单据发送给委托方,将大副收据及舱单扫描清楚后发送给委托方及货代。

2. 费用结算

在船舶离港后,外勤会将实际发生的费用票据标清后,交给结算员。结算员在结算工作中,必须严格把关,避免出现漏付、错付、多付的情况,具体审核步骤如下。

① 对结算单位和结算人进行审核,必须核实前来结算的人员是否代表结算单位。

② 审核船名、航次、抵离港时间,确定是否是我司代理的船舶,避免出现错付的情况。

③ 审核结算项目是否是合理、正常的港口使费项目。如果无法确定其项目是否属于正常的,应要求结算单位出具相关的收费规定,否则拒绝支付。

④ 审核结算项目是否是船舶在港期间实际发生的。如与实际不符,应向结算单位提出质疑,对解释不清的拒绝支付。例如,船舶是从国内港口来的,却发生了进境检疫费,除非有特殊规定,否则属于不合理收费,应拒绝支付。

⑤ 审核结算金额是否超出港口使费预算,收费标准是否准确。对说不清收费标准的和收费标准不对的,应拒绝支付。对于超出预算的,需严格审核超出部分是否合理,对于不合理的收费拒绝支付。

⑥ 审核结算时间。按照规定,结算单位必须在船舶离港后 20 天内结算。如果超过 20 天,业务部可以拒绝支付。

⑦ 审核委托方的确认。对于超出预算项目的,在支付之前,必须取得委托方对此项费用的书面确认,如加淡水、压舱水消毒、购买海图等。

⑧ 审核备用金是否足够支付港口使费。如出现备用金不足的,应及时向委托方索汇差额备用金。

⑨ 主管经理及财务部门审核。结算员应在每天下午将单船费用结算单递交给主管经理审批。主管经理的审核步骤参照上述。主管经理审批完毕后,业务部门应将单船费用结算单再转交财务部审核。经财务部最终审核完毕后,方可支付。

3. 缮制账单与追索欠款

结算员应在船舶离港后 30 天内,缮制航次结算单,在结算单中列明实际发生的费用明细,算出备用金与实际费用的差额,并及时邮寄航次结算单给委托方。

对航次结算后发生欠款的,结算员有责任向委托方催要欠款,直至索汇欠款。如发现委托方可能赖账,应及时通报给主管经理,采取其他措施进行维权。另外,除非主管经理同意(要有书面签字),对于有欠款的航次结算单在索回欠款之前不能寄给委托方。

4. 航次总结与归档

在单船代理工作结束后,内勤调度应对整个航次进行总结,如客户的操作习惯,船舶在港期间遇到的特殊事项及处理措施等,并将航次小结和有关单据文件按时间顺序装订成册,放入单船档案袋。完船后的档案中应包括:代理委托书,最终的报价单,纸面舱单,装卸货清单,大副收据,正本提单(进口),副本提单,保函,船舶申报单据,航次结算单,与委托方来往的邮件(打印留存)，委托方关于费用的确认、放货指示、同意签单的指示等重要的书面文件。

第二节　港口使费备用金估算

任务导入

天津阳光船舶代理有限公司内勤小刘接到客户询价，客户有一艘名为"超星"号的巴拿马籍散货船近日要挂靠天津新港。该轮总长 193.6 m，21 600 净吨，预计于 2018 年 3 月 17 日抵达新港，并计划卸下 50 200 公吨的散装镍矿。为了向客户合理报价，请估算该轮在新港的港口使费，并制作出港口使费备用金估算单。

任务分析

港口使费备用金是指委托方或第二委托方预付给船舶代理人，用于支付船舶在港期间所发生的费用、船员借支、代理费以及处理有关特殊事项的备用款项。船舶在港口发生的费用一般是通过船舶代理人支付给口岸各有关单位。由于费用金额较大，所以通常以备用金的形式，在船舶抵港前，由船东预付到船舶代理人的银行账户。在班轮船舶代理中，船舶代理人通常不要求委托方预付备用金，双方约定一段时间结算一次，但在不定期船舶代理中，除另有协议或特殊情况外，委托方或第二委托方在指定时间内电汇至船舶代理人指定的银行账户中才意味着代理关系的正式建立。

准确估算备用金是船代内勤向客户报价工作中最重要的操作。估算金额过高，会占用船东较多的流动资金，导致船东不满，影响船代公司的信誉，流失客户。而估算金额过低，追讨港使费困难重重，船代公司要承担很大的经济损失风险，也会影响与客户的合作关系。因此，船代内勤应尽量准确地估算港口使费备用金。要完成该工作任务，必须熟悉港口使费的收费项目和计费标准，掌握估算方法。

任务实施

一、明确港口使费收费项目

船舶进出港口以及在港停泊期间，因使用港口水域、航道、泊位(码头、浮筒、锚地)等，装卸和申请港口有关机构提供的各项服务，如引航、拖轮等，按规定要支付的各种费用，统称为港口使费(port charges)。从 2017 年 9 月 15 日起，我国港口要依据交通运输部和国家发改委联合颁发的《港口收费计费办法》进行港口使费的计收。港口使费是航运企业运输成本中的一项重要内容,有些船公司港口使费的支出,占总成本的1/4以上,仅次于燃油费和船舶修理费。因此,以下主要列举航运公司(船东)所需支出的港口使费。

(一)船舶吨税

根据各国有关缴纳船舶吨税(tonnage dues)的法规规定,除因避难、检疫或修船而临时入港时可不缴纳船舶吨税外,凡从事国际贸易运输的外国籍船舶进入对外开放港口,必须按照船舶吨位按次或按月、季、年度缴纳船舶吨税。在我国,船舶吨税是由海关代表国家交通管理部门在设关口岸对进出我国国境的船舶征收的用于航行设施建设的一种使用税。凡是驶入我国港口或行驶于我国港口之间的外籍船舶、外商租用的中国籍船舶、中外合营企业租用的外国籍船舶都要交纳船舶吨税。

应税船舶在办理出入境手续时,应当向海关申报纳税领取吨税执照,或者交验吨税执照。如船舶吨税执照已逾期或在港期间可能逾期,船代有义务提醒船方申办新的吨税执照,并根据船舶在中国港口停留的时间长短,建议船方按照2018年7月1日起施行的《中华人民共和国船舶吨税法》所附的吨税税目税率表(见表2-1)申领一种期限的吨税执照。

表2-1　吨税税目税率

税目 (按船舶净吨位划分)	税率(元/净吨)						备注
	普通税率 (按执照期限划分)			优惠税率 (按执照期限划分)			
	1年	90日	30日	1年	90日	30日	
不超过2 000净吨	12.6	4.2	2.1	9.0	3.0	1.5	1. 拖船按照发动机功率每千瓦折合净吨位0.67吨 2. 无法提供净吨位证明文件的游艇,按照发动机功率每千瓦折合净吨位0.05吨 3. 拖船和非机动驳船分别按相同净吨位船舶税率的50%计征税款
超过2 000净吨,但不超过10 000净吨	24.0	8.0	4.0	17.4	5.8	2.9	
超过10 000净吨,但不超过50 000净吨	27.6	9.2	4.6	19.8	6.6	3.3	
超过50 000净吨	31.8	10.6	5.3	22.8	7.6	3.8	

应税船舶的船籍国(地区)与我国签订含有相互给予船舶税费最惠国待遇条款的条约或者协定的应税船舶,适用优惠税率。其他应税船舶,适用普通税率。海关总署于2012年2月发布了适用船舶吨税优惠税率的国家(地区)清单,如表2-2所示。

表2-2　适用船舶吨税优惠税率的国家(地区)清单

序　号	船籍国(地区)	序　号	船籍国(地区)
1	阿尔巴尼亚	39	印度尼西亚
2	朝鲜	40	突尼斯
3	加纳	41	伊朗

（续表）

序　号	船籍国（地区）	序　号	船籍国（地区）
4	斯里兰卡	42	巴哈马
5	刚果（布）	43	美国
6	巴基斯坦	44	比利时
7	刚果（金）（原扎伊尔）	45	捷克
8	挪威	46	丹麦
9	日本	47	德国
10	阿尔及利亚	48	爱沙尼亚
11	新西兰	49	希腊
12	阿根廷	50	西班牙
13	孟加拉国	51	法国
14	泰国	52	爱尔兰
15	巴西	53	意大利
16	墨西哥	54	拉托维亚
17	马来西亚	55	立陶宛
18	新加坡	56	卢森堡
19	塞浦路斯	57	匈牙利
20	蒙古	58	荷兰
21	马耳他	59	奥地利
22	越南	60	波兰
23	土耳其	61	葡萄牙
24	韩国	62	斯洛文尼亚
25	格鲁吉亚	63	斯洛伐克
26	克罗地亚	64	芬兰
27	俄罗斯	65	瑞典
28	乌克兰	66	英国
29	黎巴嫩	67	保加利亚
30	智利	68	罗马尼亚
31	印度	69	也门
32	以色列	70	苏丹
33	加拿大	71	菲律宾
34	秘鲁	72	埃塞俄比亚
35	埃及	73	肯尼亚

（续表）

序　号	船籍国（地区）	序　号	船籍国（地区）
36	摩洛哥	74	阿曼
37	南非	75	香港
38	古巴	76	澳门

（二）引航（移泊）费

我国对外国籍船舶实行强制进出港引航和移泊引航。引航费根据各港口的实际引航距离实行分类（10海里为界），按船舶净吨位（拖轮按马力）计收，引航和移泊所需拖轮使用费由拖轮提供者另外收取。引航费按第一次进港和最后一次出港各一次分别计收，期间的港内引航作业都按照移泊费率收取。引领船舶过闸要以次加收过闸引领费。按照《港口收费计费办法》，航行国际航线船舶的引航（移泊）费（pilotage inward/outward,pilotage on shifting）计费标准依照表2-3中编号1执行。

表2-3　航行国际航线船舶港口收费基准费率

编　号	项目	计费单位		费率/元	说　明
1	引航（移泊）费	计费吨	A	0.50	40 000净吨及以下部分
				0.45	40 001～80 000净吨部分
				0.425	80 000～120 000净吨部分
		计费吨·海里	B	0.005	10海里以上超程部分
		计费吨	C	0.16	过闸引领
		计费吨	D	0.22	港内移泊
2	停泊费	计费吨·日	A	0.25	
		计费吨·小时	B	0.15	
		计费吨·日	C	0.05	锚地停泊
3	特殊平舱费	计费吨		3.70	计费吨按平舱舱口实装货物吨数的30%计算
4	围油栏使用费	船·次		3 000.00	1 000净吨以下船舶
				3 500.00	1 000～3 000净吨船舶
				4 000.00	3 000净吨以上船舶

航行国际航线船舶的港口引航（移泊）起码计费吨为2 000计费吨；航行国内航线船舶黑龙江水系的港口引航（移泊）起码计费吨为300计费吨，其他航行国内航线船舶的港口引航（移泊）起码计费吨为500计费吨。

大连、营口、秦皇岛、天津、烟台、青岛、日照、连云港、上海、宁波、厦门、汕头、深圳、广州、湛江、防城、海口、洋浦、八所、三亚港以外的港口（港区），引航费加收引航附加费，最高不超过每计费吨 0.30 元。

航行国际航线船舶节假日或夜班的引航(移泊)作业应根据实际作业情况分别加收引航(移泊)费附加费。节假日、夜班的引航(移泊)作业时间占全部作业时间一半及以上,或节假日、夜班的作业时间大于等于半小时的,节假日或夜班的引航(移泊)费附加费应按表2-3中编号1规定费率的45%分别加收;既为节假日又为夜班的引航(移泊)费附加费按表2-3中编号1规定费率的90%一并加收。节假日及夜班的工班起讫时间,由港务管理部门自行公布执行。船舶靠离码头或移泊引领作业所使用的拖轮马力大小和数量一般都由引航员根据气象、水面航道情况决定并直接联系安排,航道条件复杂的港口,引航费用会很高。

(三)拖轮费

船舶靠离泊一般都要使用拖轮,如船舶需要引航、移泊作业,更需要使用拖轮。提供拖轮服务的单位要向船方或其代理人计收拖轮费(tugs hire)。航行国际航线船舶每拖轮艘次费率按表2-4的规定计收。

沿海港口的船舶靠离泊和引航或移泊使用拖轮艘数的配备标准由所在地港口行政管理部门会同海事管理机构提出,各省级交通运输主管部门对其合规性、合理性进行审核后公布。长江干线拖轮艘数的配备标准由交通运输部长江航务管理局会同沿江相关省级交通运输主管部门制定,并对外公布。

被拖船舶靠离的泊位与最近的拖轮基地距离超过30海里但小于等于50海里的,其拖轮费可按基准费率的110%收取;距离超过50海里的,可按120%收取。拖轮费与燃油价格实行联动,如燃油价格大幅上涨或下跌影响拖轮运营成本发生较大变化时,各港口可适当调整拖轮费基准费率标准。

表2-4 航行国际航线船舶拖轮费基准费率

计费单位:元/拖轮艘次

序 号	船长/米	船舶类型		
		集装箱船、滚装船、客船	油船、化学品船、液化气体船	散货船、杂货船及其他
1	80 及以下	6 000	5 700	5 300
2	80~120	6 500	7 800	7 400
3	120~150	7 000	8 500	8 000
4	150~180	8 000	10 500	9 000
5	180~220	8 500	12 000	11 000
6	220~260	9 000	14 000	13 000
7	260~275	9 500	16 000	14 000
8	275~300	10 000	17 000	15 000
9	300~325	10 500	18 000	16 000
10	325~350	11 000	18 600	16 500
11	350~390	11 500	19 600	17 800
12	390 以上	12 000	20 300	19 600

（四）停泊费

停泊在港口码头、浮筒的船舶,由提供停泊服务的港口经营人向船方或其代理人计收停泊费(wharfage,berthage,anchorage fee)。航行国际航线船舶,停泊费按照表 2 – 3 编号 2(A)规定费率计收。停泊以 24 小时为 1 日,不满 24 小时的按 1 日计算。船舶在港每 24 小时交叉发生码头、浮筒、锚地停泊的,停泊费也按照表 2 – 3 编号 2(A)规定费率计收。

下列航行国际航线的船舶,按表 2 – 3 编号 2(B)规定费率计收停泊费。

① 货物及集装箱装卸或上、下旅客完毕 4 小时后,因船方原因继续留泊的船舶。

② 非港口原因造成的等修、检修的船舶(等装、等卸和装卸货物及集装箱过程中的等修、检修除外)。

③ 加油加水完毕继续留泊的船舶。

④ 非港口工人装卸的船舶。

⑤ 国际客运和旅游船舶。

停泊在港口锚地的航行国际航线船舶,由负责维护港口锚地的单位向船方或其代理人按表 2 – 3 编号 2(C)规定费率计收停泊费。

由于港口原因或特殊气象原因造成船舶在港内留泊,以及港口建设工程船舶、军事船舶和执行公务的公务船舶留泊,免收停泊费。

（五）特殊平舱费和围油栏使用费

1. 特殊平舱费

为在船舱散货上加装货物进行平舱以及按船方或其代理人要求的其他平舱,由港口经营人向船方或其代理人收取特殊平舱费(special trimming)。散货在装舱过程中的随装随扒、装舱完毕后扒平突出舱口顶尖和为在散货上面装载压舱包所进行的一般平舱,不得收取特殊平舱费。航行国际航线船舶的特殊平舱费按照表 2 – 3 编号 3 规定费率计收。

航行国际航线船舶节假日或夜班的特殊平舱作业应根据实际作业情况分别加收特殊平舱费附加费。节假日、夜班的特殊平舱作业时间占全部作业时间一半及以上,或节假日、夜班的作业时间大于等于半小时的,节假日或夜班的特殊平舱费附加费应按照表 2 – 3 编号 3 规定费率的 45% 分别加收;既为节假日又为夜班的特殊平舱费附加费按照表 2 – 3 编号 3 规定费率的 90% 一并加收。

2. 围油栏使用费

船舶按规定使用围油栏,由提供围油栏服务的单位向船方或其代理人收取围油栏使用费(oil fence charges)。航行国际航线船舶的围油栏使用费按照表 2 – 3 编号 4 规定费率计收。

（六）港口作业包干费

港口经营人为船舶运输的货物及集装箱提供港口装卸等劳务性作业,向船方、货方或其代理人等综合计收港口作业包干费(port operation fee)。

在货物及集装箱港口作业中,港口作业包干费的包干范围一般包括:散杂货装卸,集装箱装卸,铁路线使用,铁路货车取送,汽车装卸、搬移、翻装,集装箱火车、驳船装卸,集装箱拆、装箱,起重船、起重机、吸扬机使用,起货机工力,拆包和倒包,灌包和缝包,分票,挑样,一般扫舱和拆隔舱板,装卸用防雨设备、防雨罩使用,装卸及其他作业工时,岸机使用,以及困难作业,杂项作业,减加载,倒载,转栈,超长(笨重、危险、冷藏、零星)货物作业,地秤使用,轨道衡,尺码丈量,库内升降机或其他机械使用,除尘,集装箱清洗,成组工具使用。

港口经营人可根据港口作业情况增加或减少以上的作业内容,但均应纳入港口作业包干费统一计收,收费标准由港口经营人自主制定。

(七)卫生检疫费

卫生检疫费(charges for quarantine)一般包括:检疫费(按船舶大小,每次收取100至500元不等,进出口分别收取);检疫官员登轮所花费的交通艇费用。如果船舶来自于疫区,或船上卫生条件较差,需要消毒熏蒸,则涉及以下费用。

1. 压舱水消毒费

对于来自疫区的船舶所载压舱水必须经过卫检机构的消毒才能正常排放。由此产生的费用包括消毒费以及因消毒发生的交通艇费用。船舶来自地是否属于疫区由卫检确定,代理应经常联系当地卫检,掌握相关信息。此外,油轮一般吨位较大,出于维护港口和船舶安全目的,海事局和引水对油轮空载进港或引航引领操作时船舶的压舱水数量有严格要求(至少达到船舶载重吨位的1/4),压舱水的数量往往较大,压舱水消毒的总费用相对会比较高,代理需要尽可能地准确预估。

2. 船舶熏蒸费

对船舶熏蒸一般涉及以下费用。
① 对有鼠、虫患的船舶进行灭鼠、灭虫投药或熏蒸的费用。
② 与船舶熏蒸相关的船员上岸食宿及交通费用。
③ 新办、更新或展期船舶各类卫生、除鼠或免于除鼠等证书的费用。

(八)交通及通信费

1. 交通费

交通费(traffic fee)主要包括:代理和相关口岸检查检验官员及船员使用交通工具(车、船)所发生的费用;代理接送换班船员的交通费用。一般情况下都是凭船方签字确认的发票来向委托方实报实销,也有通过签订协议实行交通费包干的(主要是班轮和有长期代理协议关系的委托方或船东)。由于按票报销很难控制实际发生费用的真实性,船舶在港时间的长短和所停泊的位置不同,单船交通费数额会相差很大,有时单船交通费会达到很大的数额,引起委托方的不满。因此,代理必须对交通费开支进行严格控制、审核和把关。有的委托方还会要求代理对交通费实行航次包干,超额部分由代理自己承担,节省部分则归代理所有。

2. 通信费

通信费(communication fee)包括:代理与船方联系所使用的卫星通信和VHF通信费用;与委托方以及装卸港代理联系所用的长途电话、传真、E-mail等费用;与口岸查验部门联网进行申报、传送相关单证的网络通信费用;船长使用代理电话或租用代理手机与国内外进行联系的国际国内长途电话费用等。通信费大都采用实报实销的办法(但需提供每次通信时所填写的计费单作为收费的凭证),有的船东嫌麻烦或感到无法审核且收费过高,则要求代理采用航次包干的办法来结算通信费。

其他口岸入出境检查检验机构原则上都不收费,但对提供的相应服务项目仍需要收费,如边检为船员、旅客办理登陆证要收取8元/人,向官方机构进行电子申报时船方要负担相关通信网络机构的传送费用,海事局办理海事签证收费等。相对数额较大且较难控制的是船方需要承担的官员进行相关查验时所产生的交通费(交通艇或车辆费用)。另外,如果外籍船舶停靠在非监管区时,根据有关规定,船方需要承担相关查验人员的往来交通、食宿、人工、加班补贴等费用,也有采用包干的办法来处理的。

(九)船舶供应服务费

港口经营人为船舶提供供水(物料)、供油(气)、供电、垃圾接收处理、污油水接收处理服务,由港口经营人向船方或其代理人收取船舶供应服务费(supply and service charge for ship)。船舶供应服务费的收费标准由港口经营人自主制定。水、油、气、电价格按照国家规定价格政策执行。

1. 污油水、垃圾处置费(slop/garbage disposal fee)

根据有关国际公约,船舶机舱污油和含油污水必须由主管当局指定的接收单位回收和处理,船舶产生的生活垃圾也应由港口指定单位定期回收处理。处理单位和设备提供的单位要根据相应收费标准收取费用。污油回收的费用要根据实际情况面议,垃圾回收的收费标准各港不尽相同。

2. 供油、供水费(bunker/water supply cost)

船舶在港口安排添加燃料油(柴油、燃油)、机油(润滑油)和淡水是经常发生的事情。委托方一般会采用两种不同的方式来安排:一种是通过与其签订有长期供应协议的国际加油公司,国际加油公司再通过其在当地的子公司或协议户来安排加油并在事后结算费用,代理只负责联系沟通;另外一种方式就是委托方通过代理在当地采购,供油方会在代理付款或承诺付款(担保)后才能供油。由于油价经常变动,油款总金额一般都很大,代理垫付油款的压力和风险也很大,往往会等委托方确认油价并将油款汇达后才安排供油。

在船舶加油前,一些港口的港监要求船方、代理或加油商事前向其申请,获得批准后方可安排加油作业。加油作业前应提醒船方按照防污染公约和港规规定,提前采取防护措施,防止出现冒油污染海域的事故,一旦发生冒油事故要及时报告港监。

3. 伙食、物料供应费(provision/store supply cost)

船方在港口经常需要补充伙食和物料。伙食、物料费用的支付一般有两种方式:一种方式是直接由船长支付现金,代理负责沟通安排供应时间;另一种方式就是由代理从备用金中直接支付。若供应数量大的话,涉及金额也会很高。代理应根据船方提出的需求及时联系经过本公司评审的合法供应商(分包方)来报价,再根据报价总额向委托方索汇供应款。近年来,船方直接以现金支付方式来采购伙食的情况越来越普遍,一般不再通过代理结算。

（十）其他费用（other charges）

1. 船员费用

船员费用（crew cost）包括：船方借支（大多是船东需支付给船员的工资、加班费、劳务费和奖金）；船员遣返用的机票、住宿、伙食、交通（有时包括船东代表来港口出差所发生的食宿、交通、机票和借支）等开支；代理办理船员更换、就医、登陆所产生的各项费用等。代理在接到船东代表或船方提出的相关要求后，必须及时估算所需费用数额并尽快与委托方取得联系，争取获得其确认并追加汇付相关费用的备用金。如委托方不是船东，对船东费用不肯代付代结，则需要尽快另外单独向船东索要。如船方要借支外币现钞，一般需凭船东汇款凭证和银行进账凭证到外汇管理局审批后才能从银行提取到外汇现钞。代理需要提前向委托方说明，以免延误将外汇现钞借支送船。借支送船后必须要由船长签收，有收据作为结算凭证。此外，对船长和船员、船东代表、委托方代表等来港办事人员发生的费用，如需要通过船舶港口使费备用金结算的，必须事先取得委托方的确认并核实备用金余额是否足够支付，避免出现欠账或坏账。

2. 临时修理费和零备件转运费（repair charge and handling charge for spare parts）

船舶发生故障或机械损坏影响开航时，需要在当地港口进行临时修理，修理的费用可能会比较高。一般船东会直接与修理厂家联系、协商价格并通过其他渠道直接结算费用。有的船东需要代理为其联系安排修理，修理费用通过代理来结算。船东临时将船用零备件空运来港让代理报关、提货并转送上船的情况也时常发生，及时转递零备件上船也是一项重要的工作，代理有可能需要委托有报关权的分包方来完成，要注意及时索要相关费用的备用金。

3. 特殊费用

除以上所列各项费用以外，还可能会应委托方要求或船舶发生特殊情况而产生特殊费用（special charge），如船舶发生海事后的处理，超吃水船舶抢潮进出港和抢潮装卸作业，因特殊情况委托方申请巡逻船开道或护航，危险品由监护船实行强制监护，船舶停靠非监管区后发生监管费用，速遣费用，船舶或船员违章违规接受处罚，委托方临时委托办理的特殊事项所发生的相关费用等，代理应根据情况及时追加索要备用金。

二、确定代理费

代理费（agency fee）是船舶代理人接受委托方委托后，为所委托的船舶办理相关手续并提供各类服务而索取的相应报酬。目前可参照的标准有交通部1994年颁布的《航行国际航线船舶代理费收项目和标准》，及中国船舶代理及无船承运人协会于2004年公布的《航行国际航线船舶代理费收项目和建议价格》。各船代公司在参照上述计费标准的基础上，可根据市场情况给予客户一定的折扣优惠。船代内勤在向客户正式报价之前应请示主管领导，确定代理费金额。

三、备用金的估算

在预估备用金过程中，由于上述各项收费项目中，很大一部分还要根据实际情况加收夜班和节假日作业附加费。是否夜间作业和是否在节假日内安排作业又不受委托方、船东或船舶代理的控制,常常会出现预估过高或过低的情况。而且,在目前竞争形势日趋激烈的情况下,代理公司一般不会高估,超出部分的备用金不但需退还给委托方,由此会增加银行手续费用,而且会导致船舶代理机构信誉下降,流失稳定的客户源。但是,一旦委托方没有及时预付备用金或预付的备用金不足或船舶代理公司备用金估计不足,代理公司就有支付责任而要承担很大的经济损失风险。唯一能做的保全措施是尽量了解和掌握委托方的资信情况,在迫不得已的情况下采取延误办理船舶开航手续的办法来向委托方施加压力,直至采取法律留置船舶的手段。但这样一来,今后对这家公司船舶的代理权很可能就会丧失。因此,尽量准确地估算船舶在港备用金是十分重要的。

依照《港口收费计费办法》及天津新港对一些包干费用的计费标准,对本任务中的"超星"轮制作出的在天津新港的港口使费备用金估算单如图 2 - 2 所示。

ESTIMATED PORT DISBURSEMENT

VSL NAME(船名)	SUPER STAR	
DATE(制单日期)	10th Mar. ,2018	
SHIP'S NRT(船舶净吨)	21 600	
NATIONALITY(船籍)	Panama	
CARGO'S TYPE&QUANTITY (货物类型及数量)	50200MT Nickel Ore in bulk	
EXCHANGE RATE(汇率)	6.3	
ITEMS	RMB	CALCULATION
PILOTAGE(引航费)	31 320	NRT × Rate0. 5 × 2Times × (1 + 45%)
TONNAGE DUES(船舶吨税)	99 360	NRT × 4.6 (for 30 days)
ANCHORAGE FEE(锚地停泊费)	2 160	NRT × Rate0. 05 × 2days
BERTHAGE FEE(泊位停泊费)	16 200	NRT × Rate0. 25 × 3days
TUGS HIRE(拖轮费)	22 000	IN LUMPSUM AGAINST AGENCY PROFORMA INVOICE
CHARGES FOR QUARANTINE (卫生检疫费)	3 500	FINAL CHARGE AGAINST ORIGINAL INVOICE
GARBAGE COLLECTION FEE(垃圾回收费)	2 000	IN LUMPSUM
TRAFFIC& COMMS FEE (交通及通信费)	3 000	IN LUMPSUM
SLUGE DISPOSAL FEE(污泥处理费)	3 000	IN LUMPSUM
SUNDRIES(杂费)	2 000	IN LUMPSUM
AGENCY FEE(代理费)	35 000	IN LUMPSUM
TOTAL DISBURSEMENT(合计)	219 540	USD34 847.6 (EX. RATE:6.3)

图 2 - 2 　港口使费备用金估算单

四、备用金的管理

(一) 备用金的索汇

船舶代理人一般不予垫付备用金,除建立有长期代理业务关系的船公司以外。代理在接到委托后,应根据提供的船舶资料和来港任务,迅速向委托方报价并索汇合理足额的港口使费备用金,要尽量争取在船舶离港前让委托方将足额港口使费备用金汇达代理指定的银行账户内。同时,要严格控制开支使用,如有临时增加的服务项目或开支,应及时向委托方追加索要备用金。代理接受委托后,在复电确认接受代理的同时,向委托方(或租约规定的付款方)索汇。

1. 备用金索汇函电(示例)

DEAR SIRS,

GOOD DAY!

TKS VERY MUCH FOR UR NOMINATION, WE R VERY PLEASED TO BE UR AGENT IN ALL RESPECTS READY TO RENDER AGENCY SERVICES TO THE CAPTAINED VSL.

OUR FULL STYLE:

OUR A/C NR: ×××, BANK OF CHINA ×××, BRANCH

PLS REMIT US SHIP'S DISBURSEMENT TOTALING USD ××× (SAY ××× ONLY) ASAP. M' TIME PLS INSTRUCT MASTER CABLE US THE UPDATED ETA ENABLING US MAKING PREARRANGEMENT.

BEST REGARDS,

YOURS.

2. 备用金索汇回复函(示例)

DEAR SIRS,

GOOD DAY!

WE WOULD LIKE TO INF U TT. WE HAVE REMITTED USD39000. 00 AS ESTI P/D TO U THIS MORNING.

PLS FIND THE BANK SLIP AS ATTACHMENT. PLS CFM SAFE RECEIPT BY RETURN.

PLS FEEL FREE TO CONTACT WIZ ME IF U HAVE ANY QUESTION.

BEST REGARDS,

YOURS.

备用金索汇函发出后,应跟踪落实对方汇付情况,如委托方对有关报价有异议,可进一步核实调整。当委托方汇寄的备用金不足时,如属于委托方缺漏项目,可去电请示,如需要安排,则要求补汇。如果属于代理人报出的备用金有错误或漏报,应及时电告委托方说明原因,要求补汇。

一般情况下,进出口计划员索汇备用金后,要随时了解汇款情况。备用金应在船舶到港前到达指定账户,原则上船舶代理人不垫付船舶备用金。如委托方是长期客户且有较好的信誉,可视情况边作业边催汇。若船已靠泊作业,代理方未收到委托方或船方的汇款且没有合理的理由,则进出口计划员可提醒委托方"按照港口惯例,船舶将被移泊到锚地等待港口使费付清为止",以明确责任。

在备用金是否汇达的查询查核方面,代理也常常会遇到一定程度的困难。往往委托方和船东来电通知某笔备用金已经于某日通过某银行汇出,但代理从自己的银行迟迟无法得到收款入账的确认,再遇到节假日银行休息,判断委托方是否确实汇付了所告港口使费备用金数额是一件十分困难的事情。目前大多数情况下是让对方将汇款行给汇款人的汇付凭证传真过来,将其作为参考和判断的依据,但这类凭证往往只是一张打印出来的普通单据,有的还将汇款申请传来,一般都没有银行印章,很难确定其真伪。因此,代理对委托方信誉度的了解和掌握成为判断是否允许船舶离港的一个重要依据。

(二) 备用金的使用

船舶代理人应随时关注备用金的支出情况,指定专人掌握备用金的使用。如发现可能超支较大时,应及时向委托方说明情况,要求增补。如果备用金总数不超,使用项目之间可调剂使用。在备用金的使用中,如遇船长借支时,应及时请示委托方,按委托方的指示办理。滞期费、速遣费、燃油费等数额较大的临时支出,要特别注意向船东催汇或补汇。

(三) 备用金的管控

在备用金管理模式方面,一般由内勤调度负责估算、索要和控制船舶港口使费备用金,财务部门负责港口使费备用金的收取、支付和结算。港口使费备用金管理职责中还有一项任务就是抵制不合理收费和乱收费现象。目前各港或多或少存在一些不合理收费和乱收费现象,作为代理,既要守法守纪地兼顾有关分包方或官方机构的利益,也要把关代理服务质量,以免受到委托方的埋怨。

知识链接

中华人民共和国船舶吨税法

(2017 年 12 月 27 日第十二届全国人民代表大会常务委员会第三十一次会议通过)

第一条　自中华人民共和国境外港口进入境内港口的船舶(以下称应税船舶),应当依照本法缴纳船舶吨税(以下简称吨税)。

第二条　吨税的税目、税率依照本法所附的《吨税税目税率表》执行。

第三条　吨税设置优惠税率和普通税率。

中华人民共和国籍的应税船舶,船籍国(地区)与中华人民共和国签订含有相互给予船舶税费最惠国待遇条款的条约或者协定的应税船舶,适用优惠税率。其他应税船舶,适用普通税率。

第四条　吨税按照船舶净吨位和吨税执照期限征收。

应税船舶负责人在每次申报纳税时,可以按照《吨税税目税率表》选择申领一种期限的吨税执照。

第五条　吨税的应纳税额按照船舶净吨位乘以适用税率计算。

第六条 吨税由海关负责征收。海关征收吨税应当制发缴款凭证。

应税船舶负责人缴纳吨税或者提供担保后,海关按照其申领的执照期限填发吨税执照。

第七条 应税船舶在进入港口办理入境手续时,应当向海关申报纳税领取吨税执照,或者交验吨税执照(或者申请核验吨税执照电子信息)。应税船舶在离开港口办理出境手续时,应当交验吨税执照(或者申请核验吨税执照电子信息)。

应税船舶负责人申领吨税执照时,应当向海关提供下列文件:

(一)船舶国籍证书或者海事部门签发的船舶国籍证书收存证明;

(二)船舶吨位证明。

应税船舶因不可抗力在未设立海关地点停泊的,船舶负责人应当立即向附近海关报告,并在不可抗力原因消除后,依照本法规定向海关申报纳税。

第八条 吨税纳税义务发生时间为应税船舶进入港口的当日。

应税船舶在吨税执照期满后尚未离开港口的,应当申领新的吨税执照,自上一次执照期满的次日起续缴吨税。

第九条 下列船舶免征吨税:

(一)应纳税额在人民币五十元以下的船舶;

(二)自境外以购买、受赠、继承等方式取得船舶所有权的初次进口到港的空载船舶;

(三)吨税执照期满后二十四小时内不上下客货的船舶;

(四)非机动船舶(不包括非机动驳船);

(五)捕捞、养殖渔船;

(六)避难、防疫隔离、修理、改造、终止运营或者拆解,并不上下客货的船舶;

(七)军队、武装警察部队专用或者征用的船舶;

(八)警用船舶;

(九)依照法律规定应当予以免税的外国驻华使领馆、国际组织驻华代表机构及其有关人员的船舶;

(十)国务院规定的其他船舶。

前款第十项免税规定,由国务院报全国人民代表大会常务委员会备案。

第十条 在吨税执照期限内,应税船舶发生下列情形之一的,海关按照实际发生的天数批注延长吨税执照期限:

(一)避难、防疫隔离、修理、改造,并不上下客货;

(二)军队、武装警察部队征用。

第十一条 符合本法第九条第一款第五项至第九项、第十条规定的船舶,应当提供海事部门、渔业船舶管理部门或者出入境检验检疫部门等部门、机构出具的具有法律效力的证明文件或者使用关系证明文件,申明免税或者延长吨税执照期限的依据和理由。

第十二条 应税船舶负责人应当自海关填发吨税缴款凭证之日起十五日内缴清税款。未按期缴清税款的,自滞纳税款之日起至缴清税款之日止,按日加收滞纳税款万分之五的税款滞纳金。

第十三条 应税船舶到达港口前,经海关核准先行申报并办结出入境手续的,应税船舶负责人应当向海关提供与其依法履行吨税缴纳义务相适应的担保;应税船舶到达港口后,依照本法规定向海关申报纳税。

下列财产、权利可以用于担保：

（一）人民币、可自由兑换货币；

（二）汇票、本票、支票、债券、存单；

（三）银行、非银行金融机构的保函；

（四）海关依法认可的其他财产、权利。

第十四条 应税船舶在吨税执照期限内，因修理、改造导致净吨位变化的，吨税执照继续有效。应税船舶办理出入境手续时，应当提供船舶经过修理、改造的证明文件。

第十五条 应税船舶在吨税执照期限内，因税目税率调整或者船籍改变而导致适用税率变化的，吨税执照继续有效。

因船籍改变而导致适用税率变化的，应税船舶在办理出入境手续时，应当提供船籍改变的证明文件。

第十六条 吨税执照在期满前毁损或者遗失的，应当向原发照海关书面申请核发吨税执照副本，不再补税。

第十七条 海关发现少征或者漏征税款的，应当自应税船舶应当缴纳税款之日起一年内，补征税款。但因应税船舶违反规定造成少征或者漏征税款的，海关可以自应当缴纳税款之日起三年内追征税款，并自应当缴纳税款之日起按日加征少征或者漏征税款万分之五的税款滞纳金。

海关发现多征税款的，应当在二十四小时内通知应税船舶办理退还手续，并加算银行同期活期存款利息。

应税船舶发现多缴税款的，可以自缴纳税款之日起三年内以书面形式要求海关退还多缴的税款并加算银行同期活期存款利息；海关应当自受理退税申请之日起三十日内查实并通知应税船舶办理退还手续。

应税船舶应当自收到本条第二款、第三款规定的通知之日起三个月内办理有关退还手续。

第十八条 应税船舶有下列行为之一的，由海关责令限期改正，处二千元以上三万元以下的罚款；不缴或者少缴应纳税款的，处不缴或者少缴税款百分之五十以上五倍以下的罚款，但罚款不得低于二千元：

（一）未按照规定申报纳税、领取吨税执照；

（二）未按照规定交验吨税执照（或者申请核验吨税执照电子信息）以及提供其他证明文件。

第十九条 吨税税款、税款滞纳金、罚款以人民币计算。

第二十条 吨税的征收，本法未作规定的，依照有关税收征收管理的法律、行政法规的规定执行。

第二十一条 本法及所附《吨税税目税率表》下列用语的含义：

净吨位，是指由船籍国（地区）政府签发或者授权签发的船舶吨位证明书上标明的净吨位。

非机动船舶，是指自身没有动力装置，依靠外力驱动的船舶。

非机动驳船，是指在船舶登记机关登记为驳船的非机动船舶。

捕捞、养殖渔船，是指在中华人民共和国渔业船舶管理部门登记为捕捞船或者养殖船的船舶。

拖船,是指专门用于拖(推)动运输船舶的专业作业船舶。

吨税执照期限,是指按照公历年、日计算的期间。

第二十二条 本法自 2018 年 7 月 1 日起施行。2011 年 12 月 5 日国务院公布的《中华人民共和国船舶吨税暂行条例》同时废止。

第三节 进出口货运业务

任务导入

天津阳光船舶代理有限公司在向客户报价后,客户确认报价,并发来委托函电,双方确立船舶代理关系。船代内勤小张及时联系船方、港方、货方和其他有关方,积极落实进口货物的接卸准备情况或出口货物的备妥情况等,尽可能地为委托方节省船期。请模拟船代进口放货业务和载货出口业务操作。

任务分析

船舶代理人是沟通船方、货方、港方及口岸查验机构的桥梁。要完成上述工作任务,船代内勤单证员需要清楚船舶代理人在整个进出口货运业务中的地位,熟悉进口放货业务和载货出口业务知识,能够操作进出口相关货运单证,具备较好的操作能力、沟通协调能力。

任务实施

一、进口放货业务

(一)进口单证的整理和核对

对载运进口货物的船舶,委托方一般会自行或由装港代理将卸货单证寄送给卸港代理:进口载货清单、提单副本(或正本复印件)、货物积载图(集装箱船为箱位图)、危险品清单、超长超重超尺码货物清单、托送物品清单等。没有收到或收到单证不全,应在接到代理委托后尽快向委托方索要、补齐相关卸货单证。

负责进口放货工作的人员在收到各方面转来的单证后,要及时跟踪船舶动态,认真审查核对收到的单证,落实本港卸货总数量和货物的装港,分装港要逐港核实所收到的单证所显示数量是否与来港任务计划中所列数量一致,有无遗漏。还要核对舱单、提单副本和船图所记载的数量是否一致。发现单证不齐全或有互不相符的,要直接与委托方或装港代理联系核对并补齐。单证收齐后,重点检查有无到付运费或其他费用的货物,如有,应在放货用的舱单上用红笔重点标注。此外,要检查各种单据的份数是否够用,不足的要复印补齐,在船舶靠泊计划下达后分发(或由船代外勤转交)给外轮理货、装卸公司、海关、外勤和其他相关单位,自己至少留一套完整的卸货单证。经办人员要注意在重要单证上标注收到日期及方式,由船方提供的单证要让船方签字或加盖船章。

在当地海关已经实行电子舱单申报的港口,应在规定期限内向海关进行进口舱单电子数据通信申报(电子舱单),再进行书面舱单申报。电子申报一般都必须在船舶抵港前进行,书面申报时再要更改往往会遭到海关处罚。内勤调度和外勤业务员办理船舶电子申报和书面申报的数据应该与进口放货业务人员所掌握的单证数据一致。

(二)发到货通知

一般情况下,收货人会从发货人发送的装船通知获悉货物预期到港信息。即使如此,船东一般还是有义务(通过代理)向货主发送到货通知。到货通知可以是书面的(传真、电报、信函、电子邮件等),也可以是口头的(单一品种的大宗散货往往可以用电话通知),口头通知应做好记录,书面通知应该有留底和发送记录(收据)。

进口散装货物或其他需要直取的货物(冷藏、易腐、活牲畜和活动物、一级易燃易爆物、特种货等)更需要尽早通知收货人,以便收货人安排接卸直取准备工作,否则船舶也无法及时靠泊卸货。船舶开始卸货后仍未来办理提货手续的,要发催提通知。

(三)正本提单审核

收货人持正本提单前来办理提货手续时,必须严格按照规定的工作程序对其所呈交的提单(见图2-3)进行审核。审核的内容应该包括以下几点。

① 提单的真伪和是否为正本提单(参照委托方或装港代理寄来的提单副本或正本复印件,有无"正本"或 Original 字样)。

② 提单的签章或签字是否有疑问。

③ 提单上的船名、航次、装/卸港、提单号、货物名称数量和重量等记载是否与收到的舱单、提单副本和船图记载内容一致。

④ To order 提单(指示提单)是否有合格的背书,Order 人和受让人以及提货人是否都已背书等,无法判断或有疑问时,应请示委托方。

⑤ 是否到付运费提单,有无批注(包括需要收取其他费用的批注)等。

SHIPPER(托运人)		B/L NO.
CONSIGNEE(收货人)		
NOTIFY PARTY(通知人)		C O S C O SHIPPING 中国远洋海运集团有限公司 CHINA COSCO SHIPPING CORPORATION LIMITED ORIGINAL COMBINED TRANSPORT BILL OF LADING
PLACE OF RECEIPT(收货地)	OCEAN VESSEL(船名)	
VOYAGE NO.(航次号)	PORT OF LOADING(装运港)	
PORT OF DISCHARGE(卸货港)	PLACE OF DELIVERY(目的港)	

标志和号码 Marks & Nos.	件数和包装种类 Number and kind of packages	货名 Description of goods	毛重(千克) Gross weight (kg)	尺码(立方米) Measurement (m³)

FREIGHT & CHARGES (运费支付)	REVENUE TONS (计费吨)	RATE (费率)	PER (计费单位)	PREPAID (预付)	COLLECT (到付)
PREPAID AT(预付地点)		PAYABLE AT(到付地点)		PLACE AND DATE OF ISSUE (签发地点与日期)	
TOTAL PREPAID(预付总额)		NUMBER OF ORIGINAL B(S)L(正本提单份数)		SIGNED FOR THE CARRIER (承运人签章)	
DATE(日期)		LOADING ON BOARD THE VESSEL BY(装船船名)			

图2-3　海运提单样本

(四)签发提货单

船代在审核提单无误并收取应收费用后,收回提单正本,在正本提单上加盖"已放货"(accomplished)印章和放货当日的日期章,然后向货主签发提货单(俗称小提单,D/O),如图2-4所示。提货单的内容应该填写完整无误,必须与正本提单记载内容一致,重要内容(提单号,船名,航次,装港,货物名称、包装、件数、重量,箱号)等不能遗漏,货主自有箱必须注明以便码头放箱给货主,填写签发日期并加盖专用放货印章后交货主。要注意索要前来提货的经办人员的姓名和联系电话号码,记录在舱单该提单所显示的位置上,便于日后查询和联系。必要时留下经办人身份证复印件。签发提货单的工作必须由进口放货的专职人员来负责,其他任何人不得越权指挥或办理。

中国外轮代理公司上海分公司

CHINA OCEAN SHIPPING AGENCY SHANGHAI BRANCH

提 货 单
DELIVERY ORDER

NO. 0043601

致：＿＿＿＿＿＿地区、场、站

收货人：＿＿＿＿＿＿＿＿

下列货物已办妥手续，运费结清，准予交付收货人。

船名		航次		起运港		目的地	
提单号		交付条款		到付海运费			
卸货地点		到达日期		进库场日期		第一程运输	
标记与集装箱号	货名		集装箱数	件数	重量(kg)		体积(m³)

请核对放货。

中国外轮代理公司上海分公司

年　月　日

凡属法定检验、检疫的进口商品，必须向有关监督机构申报。

收货人章	海关章		
1	2	3	4
5	6	7	8

图2-4　提货单样本

（五）放货

1. 放货手续

① 集装箱货提货时，要核查是否已产生滞箱费，如有，需交清费用后方可办理。除此之外，还应办理还箱和超期留置费担保手续（SOC箱除外），有的港口采取让货主使用与代理签

订协议并提供担保金的拖卡车队来提取集装箱的办法来解决超期留置担保问题。

② 为无船承运人代理放货时，需要先凭海运提单向无船承运人放货，再凭无船承运人签发的 House B/L 向指定的收货人放货。

③ 以海运单(sea waybill)方式交货的必须有委托方(承运人)的书面指示以及相关书面协议和预留指定收货人的印鉴签字式样，经核对无误后方可签发 D/O。指定收货人盖章签字后委托他人前来办理提货手续时，代办人也必须签字并提供身份证复印件。

2. 核对放货情况和催提

货物在船舶进口申报后 3 个月仍无货主申报纳税和领取时，海关将根据规定有权将货物罚没处理，同时，作为代理人，受托代表委托人向收货人交付货物，必须恪尽职守去完成交付任务，无法交付时有义务及时通知委托方。因此必须对进口货物的提货情况进行严格的跟踪管理。对进口货物的提货手续办理情况必须在进口舱单上给予记录标注，船舶卸货结束时仍没有来办理提货手续的要再次向收货人发出催提通知书，发出后仍不来提货的要继续定期发送催提通知书，直至全船货物全部办完提货手续后才能关档和归档。对船舶卸货结束一个月仍未办理提货手续的货物，应该及时将情况通报给委托方，根据委托方指示采取相应措施。

二、载货出口业务

（一）订舱

对于需要装船出口的集装箱货物，一般由货运代理提前向船代订舱。

1. 受理订舱

货代将订舱材料通过电子或纸面的形式发送给船代，订舱内容主要包括船名、航次、目的港、箱量、箱型、品名、件数、毛重和体积等。船代对订舱材料进行整理、审核，与船公司订舱内容进行确认，安排提箱，视船公司委托开具 EIR 等相关工作，联系船公司确定船舶、舱位和集装箱。截单期即是该船接受订舱的最后日期，超过截单期，如舱位尚有多余或船期因故延误，船公司同意再次接受订舱，称为加载。截单期一般在预定装船日期前几天，以便进行报关、报检、装箱、集港、制单等项工作。

2. 交接单证

当受理订舱成功后，船代审核货代提供的装货联单和集装箱场站收据(见图 2 - 5)，审核无误后加盖签单章。集装箱运输是以场站收据(dock receipt)作为集装箱货物的托运单，该单由发货人或其代理人缮制，送交船公司或其代理人订舱。

集装箱货物在通过报关报验后，要入港交给码头(CY)，由码头收箱并签署场站收据，货主就已经完成了向承运人交付货物的义务，不再需要取得大副签收的证据，港航之间另有交接手续，与货主无关。货物实际装船后，集装箱货的货主凭码头签署的场站收据即可到船舶代理公司去换取已装船正本提单。

船公司将集装箱设备交接单通过船代转交给货代。实际操作中，存在订舱货代直接向船公司订舱并接收集装箱设备交接单的情况，但装货联单和集装箱场站收据必须有船代盖章。

Shipper(发货人)		D/R NO.(编号)
		场站收据 **DOCK RECEIPT**
Consignee(收货人)		
Notify Party(通知人)		Received by the Carrier the Total number of containers or other packages or units stated below to be transported subject to the trems and conditions of the Carrier's regular form of Bill of Lading(for Combined Transport or port to Port Shipment)which shall be deemed to be incorporated herein.
Pre-carriage by (前程运输)	Place of Receipt (收货地点)	
Ocean Vessel (船名航次)	Voy. No. (航次)	Port of Loading (装货港)	Date(日期):
Port of Discharge (卸货港)	Place of Delivery (交货地点)	Final Destination for Merchant's References (目的地)
Container No. (集装箱号)	Seal No. (封志号), Marks&Nos. (标记与号码)	No. of Containers or Packages (箱数或件数)	Kind of Packages; Description of Goods (包装种类与货名)	Gross Weight 毛重(千克)	Measurement 尺码(立方米)
Total Number of Containers or Packages (in Words) 集装箱数或件数合计(大写)					
Freight & Charges (运费与附加费)	Revenue Tons (运费吨)	Rate(运费率)	Per(每)	Prepaid (运费预付)	Collect (运费到付)
Ex. Rate(兑换率)	Prepaid at(预付地点)		Payable at(到付地点)		Place of Issue(签发地点)

图2-5 集装箱场站收据

3. 危险品申报

危险品除一般订舱材料外,货代需向船代递交危险品申报资料,主要包括危险货物安全适运申报单、集装箱装运危险货物装箱证明书。

4. 确认订舱

集装箱装货进场后,货代向船代提供装箱信息,即箱号、箱型、装箱实际数据,船代进行确认,如有变更的,货代需向船代申请更新订舱材料,船代确认后刷新订舱材料。

5. 发送出口预配舱单

船代根据货代确认的实际货物装运情况和订舱材料,整理形成出口预配舱单(见图2-6)并发送给海关。预配舱单主要内容有船名、航次、提单号、箱号、品名、件数和毛重。

1. Name of Vessel		2. Voyage No.		3. Captain		4. Sheet No.	
5. Port of Loading		6. Port of discharge			7. Date		
B/L No.	Marks & Numbers	Description of Goods	No. of P'kgs	Weight (kgs) Meas(cbm)	Shipper/ Consignee/ Notify Party		
Total							

图2-6 散货出口预配舱单

（二）装船

1. 熏蒸

装载粮食、木材等货物的船舶需熏蒸的,应向检验检疫部门办理熏蒸申请。

2. 配载

对于集装箱船舶,船代应将船方签章的配载图及时送达作业区或/和外理。配载图应注明装货总数和装妥后的估计吃水,在备注栏中应注明积载和安全操作的注意事项等;对于大宗散杂货船舶,船代应及时将托运单(托运单需留底)等有关装货要求交船上大副予以配载。

3. 危险品货物出口

如船舶装载危险品货物出口,应将海事部门批准的危险品货物载运申请单及时送交船上。如海事部门登轮监装,则要求船舶负责人制作监装申请,并提交给现场海事部门人员。

4. 退关

退关是指对已办理进出境海关手续的货物,由于某种原因,在征得海关同意后,货物取消进出口并按海关规定办理相关手续。对于需要退关的货物,货代告知船代并申请取消订舱,船代向港务部门核实无误后,将相关情况反馈给船公司。

5. 发送出口装载舱单

船代在出口预配舱单的基础上,删除退关数据,增补加载数据,校对船公司配载清单,并再次向货代核实装船数据,整理形成出口装载舱单。船舶装货作业前,船代将出口装载舱单以 EDI 报文形式通过电子口岸向海关申报。

在海关进行出口装船比对过程中,船代需配合海关办理相关工作,主要包括:按海关要求发送加载货物舱单数据;更改错误装载舱单数据;协助核查相关货物情况;其他海关要求的工作。

出口舱单(cargo manifest)必须按不同卸港单独分别缮制,不能将两个不同卸港的货物打在同一页舱单上,转船货物必须在目的港后面加上中转港的名称。舱单还应按提单号顺序缮制,不要出现顺序颠倒、跳号、重号等情况;各栏目内容应完整正确,与提单内容必须保持一致,不能随意简略或将部分内容合并;件货有不同包装的要按包装类别分列,不能用"件"(package)来替代;散装货物必须标注"in bulk";有压舱包的要标明压舱包数量;袋装货随货带有备用袋的要标明"备用袋"(spare bags)及其数量;重量要统一使用千克为单位(小数点后四舍五入);收发货人栏目应填写完整,不得私自截取或省略。集装箱运输中使用货主自有箱(Shipper's Own Container,SOC)时,应在舱单上注明,以便卸港交货时将箱子一起交货主。

冷藏货要注明保温要求。危险品应注明国际危规编号并在该票货名栏内加盖红色危险品(dangerous cargo)印章。舱单缮制完成后必须进行仔细核对,防止打字差错而引起严重后果。原则上舱单号应与提单号保持一致。危险品还要单独另外缮制一份危险品清单。超重、超尺码货物也需单独另外缮制一份超重、超尺码货物清单,为船方和卸港提供便利。

6. 担保解锁

经出口装船信息比对不符而被加锁的货物,如属于船代发送装载舱单错误,经海关核实,船代可以向海关申请担保解锁。船代向海关申请解锁时,需提供如下单证:解锁保函、情况说明、报关单和查验记录单等相关材料。

7. 编制货物积载图(stowage plan)

为使码头安排装卸作业并便于货物管理,货物装船前和装船结束后,船方或其代理均需要制作出显示每票货物或每个集装箱在船上堆放的位置图,这种图称为配载图、积载图或船图等,如图2-7所示。

FIN.STOWAGE PLAN

M.V.CHARIOT		ARR.DRAFT (S/G:1.025)	
VOY.NO.	S6-0141	FWD.	12.46
CARGO	NICKEL ORE	AFT.	12.52
LOAD PORT	POMALAA	TRIM	0.06
DISCH PORT	TIANJIN	DATE	2012/11/10

TOTAL CARGO:	51425.00	MT

HOLD NO 5	HOLD NO 4	HOLD NO 3	HOLD NO 2	HOLD NO 1
NICKEL ORE	NICKEL ORE	NICKEL ORE	NICKEL ORE	NICKEL ORE
11000 MT	10400 MT	10550 MT	10350 MT	9125 MT

CH.OFF: M.MIRI   MASTER: CAPT.M.FARHADI

图2-7 某船最终积载图

（三）发送清洁舱单

船舶开航后 72 小时内,船代需向海关发送出口清洁舱单。出口清洁舱单是反映出境运输工具所载货物信息的载体,是国际贸易中重要的一环。

1. 整理校对

船代在出口装载舱单的基础上,通过与理货船图进行校对,向货代核实不一致的情况(如退关、加载等),最终形成实际装船的舱单数据。货代确认无误后,船代开始制作出口清洁舱单,如图 2-8 所示。

2. 制作纸质和电子舱单

船代将系统内的出口清洁舱单数据转换成海关要求的 EDI 报文格式,通过电子口岸向海关发送。海关接收到 EDI 报文后,系统自动签发回执给船代。

船代在电子数据基础上制作纸质舱单。纸质舱单需要包括国际中转和空箱数据。纸质舱单一份交给海关,一份交给船公司(船公司有要求的),一份留档。

3. 更改/撤销出口清洁舱单

船代在向海关申报纸质和电子舱单数据后,如果需要更改/撤销出口清洁舱单数据的,需向海关提供如下单证,经现场海关审核并通过三级审批同意后,凭准确的纸质舱单办理有关更改/撤销手续。

① 出口舱单修改/删除申请表。
② 正确的纸质舱单。
③ 担保书。
④ 责任书。
⑤ 海运提单。
⑥ 海关认为必要的其他单证。

（四）代签海运提单

1. 签发提单的操作

提单应由承运人、船长或其代理人签署才产生效力。

① 如为承运人或船长签署,必须标明其为承运人或船长,承运人自身签署的要注明 AS CARRIER。

② 如果是船代签署提单,必须注明被代理人的名称和身份,标明 AS AGENT FOR CAR-RIER ×××。具体的操作步骤为:船代首先从船公司处获取海运提单样本;然后比对出口清洁舱单,保证海运提单上货物品名、件数、毛重、收发货人等内容与舱单一致;最后在海运提单上盖船代签单章、开航日期,交给货代。

2. 代签提单授权

定期班轮的委托方大都是船东或船舶经营人,往往会在代理协议中规定全权授权代理来签发提单,代理则应按照委托方的指示和规定程序来签发提单。对不定期船,提单应该由船长签发。如船长委托代理来签发提单,代理必须取得船长授权签发提单的书面授权委托

中华人民共和国海关
国际航行船舶出口载货清单

船名及种类：_____
国　　籍：_____

登记吨位：_____
总 吨 位：_____
驶往港：_____
停泊地点：_____

船长姓名：_____
经理人名称：_____
出口时日：____年____月____日____时
吨税执照到期日：____年____月____日
清单送速海关时日（由海关填注）：_____

国籍：_____

载货清单号码	提单号码	此行由海关填注	标记及号码	货物件数	包装类型	货物名称	货物重量或体积	舱间部位	收货人	备注

兹声明上列各项正确无讹。此致。
_____海关

日期：____年____月____日

经理人签印：_____

船长签印：_____

图 2-8　出口清洁舱单

书,如图 2 - 9 所示。应注意授权委托书内容中争取包含 to sign and release clean on board original Bill of Lading 字样,以免出现问题和争议后船长坚持提单加批或只让签而不让放,造成代理的工作难以开展。

Tianjin,20th Mar. ,2018
To:Tianjin Sunlight Agency Co. ,Ltd.

AUTHORIZATION

Dear Sirs,

　　Please be kindly informed that,I,the undersigned Master,hereby authorize you,on my behalf,to sign and release clean on board original Bill of Lading to the shippers against the production of the Mate's Receipts duly signed by my Chief Officer for those cargo loaded on board my vessel at the Port of Tianjin for the present voyage.

　　Your kind assistance shall be highly appreciated.

Yours faithfully,

Master:＿＿＿＿＿＿＿＿＿＿

M. V. Super Star

图 2-9　签发提单授权委托书

　　作为承运人的具名代理或代表,在代表承运人或船长签发海运提单时,必须表明代表的委托人的名称和身份。代理接受委托后必须凭大副收据(或场站收据)来签发提单,提单内容必须与大副收据(或场站收据)记载内容一致。代理在签发提单前必须对提单内容进行严格仔细的检查核对,一旦出现差错可能会造成很大的损失。签发提单时必须加盖货物装船日期印章,提单上所表示正本提单份数必须与实际签发数一致,正本提单必须印有正本字样或加盖正本印,副本不要错用正本格式。船舶代理没有取得 NVOCC(无船承运人)资质的,不得接受其他 NVOCC 的委托为其签发提单。

第四节　船舶动态跟踪与报告

任务导入

　　天津阳光船舶代理有限公司代理的"超星"号货轮于 2018 年 3 月 18 日抵达天津新港,计划卸货 50 200 吨。"超星"轮于 3 月 20 日靠泊,当天开始卸货,3 月 22 日驶离新港。为了合理安排船舶在港作业,请模拟船代内勤值班调度员的工作,跟踪并报告船舶动态。

任务分析

船代值班调度员的岗位职责如下。

① 执行港口生产调度通信规程,保证值班调度岗位 24 小时有人在岗。

② 负责船舶预报、确报的接收、核准,及时做好向港方和各联检单位的电子传输和传真收发工作。

③ 负责船舶动态的接收、核准,收到动态后及时通知各联检单位及外勤业务员,并做好通知记录。

④ 负责将船舶进港动态以高频、电传、卫通、电子邮件等形式通知船方。

⑤ 负责向港方调度了解船舶在港作业进度情况。

⑥ 负责气象状况的跟踪。

⑦ 负责调度日志的填写工作。

⑧ 负责每日调度交接班汇报工作,做好交接班衔接工作。

根据岗位职责,值班调度员主要负责 24 小时跟踪船舶动态,并编写船舶动态报,及时向委托方拍发船舶动态报。为完成该工作,需要熟悉值班调度员的工作流程,了解船舶动态报的主要内容。

任务实施

一、值班调度员到岗及工作交接

值班调度实行倒班制的工作制度,要求值班调度员岗位 24 小时有人在岗。每班工作结束时,值班调度员需要进行工作交接,对发生在值班期间的各种事情,应及时处理并做好记录。如确实无法处理完毕的事项,应记入调度日记交接班记录栏中,移交接班值班调度员处理。若没有交接事项,则在交接记录栏中标注 NIL。

二、船期表与船舶动态更新

值班调度员在接到公司的"超星"轮船舶代理任务后,每天早上和港口相关当局核对船舶动态,根据船舶动态制订船舶作业计划。

(一)船期表

日班调度员根据港方所订的船期计划和白天收到的各种电传、传真、电报,于每天下班前编制船期表并发各有关单位。

夜班调度员根据所做单船计划、船期通知及夜间收到的各种电传、传真、电报和每天作业动态进度于第二天早 8:00 时(具体时间视各船代公司规定)前编制船期通知表,发送各有关单位。所有底稿必须按要求留存。

（二）船舶动态

值班调度在接到港口相关当局有关船舶靠泊、移泊、开航、作业计划及船方、外勤报告靠泊、开航计划等消息后,需在调度日记上做记录,记录通知人、通知时间,并及时通知有关单位,同时记录通知时间和被通知人。通知件留底,每月装订归档,保存 3 年(具体时间视各船代公司规定)。

三、船舶动态跟踪与报告

值班调度员应及时将船舶动态(进港、出港)以电传、传真、高频等有效途径通知有关船方或有关部门,随时跟踪船舶动态。

（一）船舶指泊报

① 值班调度员负责接收船方电传、传真、电子邮件、船东传真或计划员的船舶抵港信息,根据船舶规范、船舶预计抵港时间(ETA)等信息及时输入港口生产调度计算机系统中并打印出船舶预确报报表,并记录在调度日志中。

② 外贸船舶应在预确报报表上注明上一港名称、船舶航次及海关编号,以传真形式发送给海关、海事局、卫检、边防。

③ 根据船长或委托方第一次确报电,以电报或电传形式向船长拍发指泊电。指泊是根据来船的吃水分别指定相应的锚地。

根据任务资料,编写指泊报如下。

Dear Sirs,

Good day!

Report Type:ANCHORING REPORT

Port Name:Xingang

Ship's Position at 1200LT:3851N／11706E

FO ROB:832.6

DO ROB:58.7

FW ROB:85

Distance from Pilot Station:19 NM

Weather:Fair

Wind Force:3

Wind Direction:SW

Remarks:ETB on 19-Mar-2018 AM

Best Regards.

（二）船舶抵港报

值班调度员应在船舶抵港后,向船代外勤了解船舶抵港状况,及时(不晚于半个工作日)

以书面形式向委托方发送船舶抵港报。报告主要内容包括：抵港时间；船舶存油水；船舶前后吃水；预计靠泊/确切靠泊时间；开装/卸时间（若有）；预抵下一港时间（若有）。抵港报样式见船舶代理英语篇第二章第四节。

（三）靠泊报

值班调度员应在船舶靠泊后，向船代外勤了解船舶靠泊状况，及时（一个小时内）向委托方拍发靠泊报。报告主要内容包括船舶引水、靠泊时间、泊位名称、预计开工时间等。靠泊报样式见船舶代理英语篇第三章第一节。

当遇到下列特殊情况时，值班调度员应做相应的处理。

① 若靠泊时间和开工时间间隔较长，即靠泊和开工时间不在同一小时内完成的，需要先发靠泊电，一小时以后发送开工电。

② 若靠泊后两小时以上仍未接到外勤告知开工时间时，在主动向外勤了解原因后向委托方拍发未开工原因，并告知预计开工作业时间。

（四）船舶动态日报

① 船舶靠港后，开始装卸作业。装卸作业期间，每天上午，值班调度员与外勤和港口相关部门核对在港作业船舶装卸进度，向委托方拍发船舶动态日报，并在船舶动态表上记录货物已装/卸数量、剩余量，计划开航时间（若有），并将上述信息发送给委托方。

② 对锚地作业的船舶，根据外勤人员或港方调度提供的最新船舶动态，每天至少一次以书面形式向委托方报告船舶动态。

③ 修理、加油、锚地待命等特殊船舶，掌握船舶加油、修理进度，查明锚地等泊原因，按委托方要求发动态电，无特殊情况可以不发。

④ 如遇到严重影响装卸进度的作业停工情况，应及时报告委托方。恢复作业后，做好作业恢复的通知。

⑤ 在发生泊位作业船舶移泊或出海下锚情况时，由外勤业务员通知引航员实施。值班调度员在收到有关移泊时间的通知后，及时更改泊位号或锚位，并在调度日志上注明。

⑥ 按公司要求，向公司及有关部门汇报在港船舶动态。

（五）船舶紧急/突发情况报

船舶在港发生碰撞、火灾、共同海损、断缆漂离码头、走锚、人员伤亡、船员违章等紧急/突发情况，应立即以电传、传真、电话或其他有效途径通知委托方。

（六）船舶离港报

根据外勤的单船作业记录，在船舶开航后，及时（不晚于半个工作日）以书面形式向委托方报告船舶离港情况。其主要内容包括：装卸完成时间；完装数量；存油水量；前后吃水；离港时间；预抵下一港时间（若有）。离港报样式见船舶代理英语篇第四章第二节。

（七）注意事项

① 上述船舶电报在获得动态信息后的两小时内拍发，拍发方式可以用电传或传真，也

可以用电话(但要在电话记录单上加以记录)。若超过两小时,应在调度日志或电传、传真上注明原因。

② 应确保有证据证明船舶电报已经发出。电传以发出的电传留底,传真以发出后的回条显示为准,确保电传、传真或电话形式已发出电报并存档。

③ 对于值班调度员,需要考核船舶动态联系合格率,保证船舶动态联系合格率不低于98%,合格率的统计由部门经理负责。船舶动态联系合格率计算公式如下。

动态联系合格率 = 资料齐全、联系及时的船舶艘数/本月代理船舶总艘数 × 100%

四、天气预报

值班调度员需跟踪港区气象预报,并在调度日记气象栏内做记录。

非台风期间,每天早上当班调度员收听气象预报一次,并发送船舶和公司相关部门。若港口当地有台风警报,当班调度员需每天上午、中午、下午三次跟踪气象预报,了解台风走势,及时向公司抗台风小组汇报。

第五节 费用结算

任务导入

在"超星"轮完成卸货离港后,作为天津阳光船舶代理有限公司的结算员,需要完成两项工作任务。

① 在"超星"轮抵达新港前,船东已预付备用金 34 850 美元。请根据实际发生的港使费,制作出航次结算单,并完成催收欠款或盈余退还的航次结算工作。

② 由于船东和船代公司签署的代理协议中约定由船舶代理人代收运费,请办理该航次的运费代收。

任务分析

船代公司的财务部负责港使费、运费及其他相关费用的结算、核算,协议期限内的账款催收以及运费报表的编制和分析工作。船代结算员岗位职责如下。

① 汇总、整理和审核费用单据。

② 缮制航次结账单,寄送航次结账单及费用单据。

③ 对外航次结算,催收欠款或退款。

④ 航次结算完毕,装订单据并及时归档。

⑤ 按委托方要求及时代收、代付运费。

对于航次结算,通常在船舶离港后的 30 天内,代理人应及时汇总船舶在港所支付的各项费用和应收取的代理费,详细列出航次结账单,连同所付的各项收费单据寄交委托方,并将扣除上述费用后的备用金余额退回或结存,进行航次结算。要完成该工作任务,结算员需要熟悉港口收费项目和港口状况,熟悉常见的港口使费费用单据,掌握航次结账单的内容,具备较好的分析判断能力、沟通协调能力和商务谈判能力。

对于运费结算,运费是航运企业的收入源泉。对船代公司而言,通过代算代收运费取得手续费收入同样也是重要的收入来源。通常情况下,在船代协议中,航运企业会委托船代公司代其收取运费,并明确船舶开航后的付款期限。要完成运费结算的工作任务,结算员需要熟悉班轮运费和航次租船运费计费知识,能够代为计算与催收。

任务实施

一、航次使费结算

(一)敦促各方结算

敦促港口装卸部门、船队、引航公司、供应部门、船检、商检、外轮服务公司、修理部门,以及海事、海关、边防、检验检疫等检查机关在船舶离港后 10 天内向船代公司结算船舶发生的费用。

(二)审核费用单据

航次账单原始费用单据很多,经常产生的有:海关吨税缴款书,港务费收据及签证单,海事签证费收据,引水费收据及引航签证单,作业区停泊费发票,移泊费收据及签证单,系解缆费发票,拖轮费发票及签证单,卫生检疫费收据及签证单,开关舱费收据及签证单,装卸费发票,杂项作业和待时费收据及签证单,装卸费及装卸指导员工时费发票及签证单,理货账单及签证单,垫料收费单及签证单,船长借支借据,调换船员住宿、餐费、汽车费、机票费收据,供应伙食费用清单及船长签证单,供应燃料、淡水费发票及签证单,修船费用收据及项目签证书,船检测油费收据及船方申请书,代理费收款单,船员医疗费收据及申请单,转运备件汽车费、服务费收据,交通费、复印费和各种邮电费收据及相应的文电原稿,其他杂项收据等。

在港口使费结算工作中,必须严格把关,避免出现漏付、错付、多付的情况。具体审核步骤如下。

1. 审核结算单位
对结算单位和结算人进行审核,必须核实前来结算的人员是否能够代表结算单位。

2. 审核船名、航次、抵离港时间
审核船名、航次、抵离港时间,确定是否是船代公司自己代理的船舶,避免出现错付的情况。

3. 审核结算项目

① 审核结算项目是否是合理、正常的港口使费项目。如果是结算单位巧立名目的,应拒绝支付。如果无法确定其项目是否属于正常的,应要求结算单位出具相关的收费规定,否则拒绝支付。

② 审核结算项目是否是船舶在港期间实际发生的。如与船舶实际发生的不符,应向结算单位提出质疑,对解释不清的拒绝支付。例如,船舶是从国内港口来的,却发生了进境检疫费(除非有特殊规定),否则属于不合理收费,应拒绝支付。

4. 审核结算金额

审核结算金额是否超出港口使费预算,收费标准是否准确。对说不清收费标准的和收费标准不对的,应拒绝支付。对于超出预算的,需严格审核超出部分是否合理,对于不合理的收费拒绝支付。

5. 审核结算时间

结算单位通常应在船舶离港后30天内结算。如超过30天,可以拒绝支付。

6. 审核委托方的确认

对于超出预算项目的,在支付之前,必须取得委托方对此项费用的书面确认,如加淡水、压舱水消毒、购买海图等。

7. 审核备用金

审核备用金是否足够支付港口使费。如出现备用金不足的,应及时向委托方索汇差额备用金,除非在委托方收到账单后再补汇。

(三)缮制航次结算单

1. 缮制航次结算单的要求

在船舶离港后30天内,缮制航次结算单(trip account)。航次结算单必须依据报价时与委托方的协议内容或预估的港口使费项目,逐项列明,对于委托方可能误会或不清楚的应附必要的说明。结算单样本见船舶代理英语篇第四章第三节,其中列出一些较常见的收费项目。航次结算单结出后,将航次结算单的发生总额与实收备用金比较,查看是否欠款或需退款。

无论是长期代理还是航次代理,港口使费备用金的结算都应以"一船一结""一港一清"为原则,并且都应在船舶离港后及时(或在一定的限期内)做出航次结算单,随附所付费用的收据寄交委托方。所不同的是,在航次代理情况下,备用金按航次结算,代理人在寄交航次结算单及随附的各项收费单据的同时,应将备用金的余额退还委托方或根据委托方的要求将余额结存;而在长期代理的情况下,备用金虽不必按航次结算,但在船舶离港后仍需及时将航次结算单及随附的各项收费单据寄交委托方,并按月向委托方抄送往来账,核清账目。

在航次代理的情况下,如果船舶已离港,还有船员因病、因伤留岸住院治疗,所有医疗费及病愈后的遣返费用,均需在遣返船员后始能结算。在这种情况下,应该先将该船港口费用部分制单结算,而备用金余款则可暂不退汇,留待遣返船员后再做最后结算退汇。

为了避免委托方借故拒付,所有附随于航次结算单的对外结算单据都要清晰无误、中英文对照,并且船舶费用单据应由船舶有关人员签署方为有效。原始单据是向委托方进行结算的主要依据,原则上在费用结清时才能对外寄送。

2. 航次结算准期统计

作为航次结算员,应经常统计准期艘数以及超期艘数,确保很高的航次结算准期率。从船舶开航之日起 30 天内或在委托方规定的日期内对外寄出账单,即为结算准期,所代理的该船舶即为结算准期船舶。需要注意的是,由于国内结算单位的原因或者使费欠款而造成不能按期对外寄出账单并已告知委托方的,不视为航次结算超期船舶。

航次结算准期率为结算准期船舶艘数与统计结算船舶总艘数之比,计算公式如下。

$$航次结算准期率 = \frac{结算准期船舶艘数}{统计结算船舶总艘数} \times 100\%$$

(四)整理、装订费用单据

船舶离港 15 天开始(或按委托方指示),按照航次结账单的项目顺序,整理船舶所有账单,检查各项费用单据是否齐全、计算是否准确、适用费率是否正确等。审核无误后,按要求对费用及发票粘贴(委托方不同意粘贴的可以不粘贴)、装订。对外结算单据要求清晰、无误,应有中英文对照。如无英文详名,代理公司应加译,以便委托方查核。

(五)寄送航次结账单及费用单据

把航次结账单及费用单据寄给委托方,航次结算期一般为 30 天,即船舶离港后 30 天内结账。采用快递或航空挂号方式寄送时,应登记在记录本,记录应包括:快递或航空挂号码;日期;船名。航次结算单的邮费,有长期往来账户的,向委托方实报实销。

(六)催收欠款或退款

接到委托方提供的退款书面指示或往来对账单时,及时核对、即时答复。结算中要坚持"一船一结""一港一清"原则,结算后如果使费有结余,余额按委托方要求退回或暂存委托方账户中留下一航次使用。对航次结算后发生欠款或尚有以往欠款未清的,应及时向委托方催收欠款并跟踪欠款收妥情况,直至索汇欠款。若委托方提出使用以往余款,应及时予以核实,如发现委托方可能赖账,可采取其他措施进行维权。

如发生船员留岸住院治病的医疗费和病愈后的遣返费用,对外先结算港口使费部分,备用金剩余款项暂不退汇,留待最后结算。若使费欠款,原则上不得邮寄正本单据(有长期业务往来关系的应随时寄送)。若委托方坚持收到账单后再付欠款,按书面通知寄送,但在邮寄之前将全部单据复印留底备查。

办理退款手续需外汇备用金,对外一律按外币记账,内部按收到日银行牌价计入人民币账户,按航次结账可选择付款期内对我方有利的牌价。

二、运费结算

（一）班轮运费的计收

1. 班轮运价的构成

班轮运价由基本运费率和附加费两部分组成。基本运费率（basic rate）是指每一记费单位（如每吨或每立方米）货物收取的基本运费。附加费（surcharges）是为保持在一定时期内基本运费率的稳定，又能正确反映出各港的各种货物的航运成本，班轮公司在基本运费率之外，又规定的各种费用。

2. 运价表

运价表又称运价本。根据运价表的制定人不同，可分为班轮公会运价表、班轮公司自定运价表、双边运价表、货方运价表、协议运价表等。根据运价表的结构不同，可分为等级运价表、单项费率运价表、航线运价。

在实际业务中，等级运价表使用最多。表的前部列有常用商品等级表（中英文对照），不同商品有不同等级，每一等级有一基本运费率，一般分为 20 个等级，1 级运费最低，20 级运费最高。在等级表后列有各航线的杂货与集装箱货的费率（等级费率和包箱费率），同时附有计收标准以及各种附加费的收取。

3. 班轮运费的计收标准

班轮运费由基本运费和附加费构成。根据货物的重量、体积和价值主要分为 3 种计算方法。船公司在收取运费时通常选择运费最高的一种方式收费。通常，基本运费的收取方法有下面几种。

① 按商品的毛重计费，用 W 表示，以重量吨为计费单位。

② 按货物体积计费，用 M 表示，以立方米为计费单位。

③ 按重量吨或体积吨计算运费，选择其中运费较高者作为计费单位。用 W/M 表示。

④ 按货物的价格计算运费，用 Ad. Val. 表示。一般按 FOB 价格的一定百分比收取运费，即采取从价计费。

⑤ 按从价运费或毛重、体积计算运费，并选择其中运费较高者作为计费的标准。用 Ad. Val. or W/M 表示。

⑥ 按重量吨或体积吨中收费较高的作为标准，再另行加收一定百分比从价运费，用 W/M plus A. V. 表示。

⑦ 按货物的件数计收（per unit/per head），如卡车按辆，活的动物按头计费。

⑧ 按议价（open rate）计收。临时商定运价，如粮食、矿石、煤炭等大宗货物。

⑨ 按起码运费（mini rate）计收。不足 1 运费吨（1 重量吨或 1 尺码吨）的货物均按一级货收取运费，称为起码运费。

班轮公司除收取基本运费外，还征收附加费，以弥补基本运费的不足。常见的附加费有以下几种。

① 燃油附加费（Bunker Adjustment Factor，BAF）。燃油价格上涨时，船公司按基本运费

的一定百分比加收的燃油附加费。

②超长附加费(long length additional)。一件货物的长度超过运价表规定的长度(件杂货超过9米),即为超长货,需要加收附加费。

③转船附加费(transhipment additional)。货物转船时,船公司在转船港口办理换装和转船手续而增加的费用,称为转船附加费。

④超重附加费(heavy lift additional)。一件货物毛重超过运价表规定的重量(国内货物超过5吨),即为超重货,需要加收附加费。

超重附加费是按重量计收的,超重重量越大,收取的费用越高。如果超重货物需要转船,每转一次,加收一次超重附加费。若单件的货物超重又超长,则对两者进行分别计费,然后按最高的收费标准收取附加费。

⑤直航附加费(direct additional)。运往非基本港的货物达到一定数量时,船公司可安排直航而收取的费用。直航附加费一般比转船附加费低。

⑥港口附加费(port additional)。对有些设备条件差或装卸效率低的港口,船公司为了弥补船舶靠港时间长造成的损失而收取的费用。一般按基本运价的一定百分比计收。

⑦港口拥挤费(port congestion surcharge)。对有些港口由于压港压船,导致停泊时间较长,船方因此而收取的费用。

⑧选卸附加费(optional surcharge)。对于直到货物装船时仍不能确定最后卸货港,要求在预先指定的两个或两个以上的卸货港中,待船舶开航后最终选择卸货港。但需要在积载方面给以特殊的安排,这要增加一定的手续和费用,甚至有时需要翻船(指倒舱翻找货物),根据这样的原因而追加的费用,称为选卸附加费。

⑨绕航附加费(deviation surcharge)。正常航道不能通行,需绕道才能到达目的港时,船方便要加收此费。一般为临时性附加费。

⑩货币贬值附加费(Currency Adjustment Factor,CAF)。当运价表中规定的货币贬值时,使承运人的实际收入减少,为了弥补货币在汇兑过程中的损失,船公司便按基本运费加收一定百分比的附加费。

⑪洗舱附加费(cozening fee)。因货物污染船舶,需要对货舱进行清洗,承运人对此而支付的额外费用称为洗舱附加费。清洗费用一般根据污染程度和清洗难度来定。

⑫旺季附加费(peak season surcharge)。此费往往出现在集装箱运输中。根据市场供求状态来征收此附加费。

⑬超额责任附加费(additional for excess of liability)。这是托运人要求承运人承担超过提单上规定的赔偿额度时,对托运人增收的附加费,一般按照FOB价格的一定百分比征收。

⑭变更卸货港附加费(alteration of discharging port additional)。这是货物在装船后需要变更卸货港,而增加的费用。变更卸货港的运费超过原卸货港运费时,提出变更的要求后补交运费差额;反之,不给予退还。

4. 杂货班轮运费的计算

杂货班轮运费的计算步骤如下。

①先根据货物的英文名称在班轮货物分级表中查出该货物属于什么等级和按什么标准计费。班轮货物分级表是班轮运价表的组成部分,包括货名、计费标准、等级三个项目,如表2-5所示(节选)。

表2－5　班轮货物分级表（节选）

CLASSIFICATION OF COMMODITIES GENERAL CARGO

Commodity	Basis	Class
⋮	⋮	⋮
fishing implements	M	9
fish shrimps, dried brined	W/M	13
flint	W	3
flour	W	5
fluorspar	W/M	4
wear, N. O. E.	M	11
fruits, dried	W /M	11
fruits fresh	M	7
fruit juice	W /M	8

② 根据货物等级和计费标准，在航线费率表中查出这一货物的基本运费率。班轮航线费率表（中国—加拿大）（节选），如表2－6所示。

表2－6　班轮航线费率表（中国—加拿大）（节选）

Class	Vancouver	St. John	Toronto Hamilton
⋮	⋮	⋮	⋮
7	205. 00	248. 00	270. 00
8	219. 00	264. 00	288. 00
9	235. 00	283. 00	309. 00
10	257. 00	305. 00	333. 00
11	285. 00	337. 00	368. 00
12	317. 00	373. 00	407. 00
13	350. 00	414. 00	451. 00
14	383. 00	454. 00	496. 00
15	416. 00	495. 00	540. 00
16	449. 00	536. 00	585. 00
17	492. 00	591. 00	644. 00
18	547. 00	645. 00	704. 00
19	629. 00	735. 00	802. 00
20	711. 00	844. 00	920. 00
Ad. Val.	4%	4%	4%

③ 查出该货物所经航线和港口的有关附加费率。

④ 该货物的基本运费率和附加费率之和即为该货物每一运费吨的单位运价。以该商品的计费重量或体积乘以单位运价即得总运费金额。

5. 集装箱班轮运费计收

集装箱运输货物一般分为拼箱货和整箱货。拼箱货的运费计收方式与传统杂货班轮相同,按货物的重量或体积计收运费。而整箱货通常以箱为单位计收运费,主要包括以下三种包箱费率。

① FAK 包箱费率(Freight for All Kinds),也称均一包箱费率,指对每箱整箱不细分箱内货类、货量,只按箱子类型(普通货、一般化工品、半危险品、全危险品、冷藏货)制定出不同规格(20′/40′)箱子的费率。因此,在 FAK 包箱费率下,只需判别箱内货物属于何种类型的货物,就可查到这个集装箱的运费。

② FCS 包箱费率(Freight for Class)。与 FAK 包箱费率的差别在于,它是对于普通货物按不同货物等级制定的相应的包箱费率。一般同杂货运输分法一样,仍是从 1 级至 20 级,但是集装箱货物的费率级差要远小于杂货费率级差。一般来看,低级的集装箱收费高于传统运输,高价货集装箱低于传统运输;同一等级的货物,重货集装箱运费高于体积货运费。在 FCS 包箱费率下,首先根据货名查到等级,然后按等级和箱子规格查到每只箱子相应的运费。

③ FCB 包箱费率(Freight for Class and Basis)。与 FCS 包箱费率不同的是,它既按不同货物等级或货类,又按计算标准制定出不同的费率。因此,同一级费率因计算标准不同,费率也不同。

6. 班轮运费结算函电

(1)来函示例

Dear Sirs,

In reference to the attached photocopies, we received payment against MV. "Q", in the amount of \$246,700.30. Please advise us the breakdown for this payment, as we are unable to identify the particular shipments involved, by vessel, bills of lading numbers, etc. in order that we may distribute the money to our records properly. Your assistance will be appreciated.

Best regards.

译文:请参阅随函附上的影印本,我们收到付 Q 轮的款项,共计 246 700.30 美元。因我们无法分清系何提单号项下的运费,故请列告该款细目,以便我们正确地分开入账。请惠予协助。谢谢!

(2)复函示例

Dear Sirs,

M V. "Q" sailed from Xingang 30th Jan.,2018,remittance USD 246,700.30.

With reference to your letter Ref. 837 – 65 of 26th Jun.,2018,we advise as follows:

Freight on Bs/L Nos BC1 – 100　　　　　USD 213,647.15

Less booking charge,etc.　　　　　USD 12,756.41

　　　　　USD 226,403.56

Less Bank's remittance fee   USD 20,296.74
Amount actually remitted to you   USD 246,700.30

Enclosed herewith please find photocopy of freight account 68/73 – 258 for your reference.

Please note that two copies of said account were sent to Lykes HongKong.

Best regards.

译文：参阅你 2018 年 6 月 26 日第 837 –65 号函，关于 246 700.30 美元款项，经查，系 Q 轮 2018 年 1 月 30 日开航之提单 BC1 –100 项下货载运费共计 213 647.15 美元，经扣除订舱佣金等费用 12 756.41 美元，余下 226 403.56 美元，经由上海中国银行汇出，该行扣除手续费 20 296.74 美元，实汇金额为 246 700.30 美元。兹随函附寄 68/73 –258 号运费账单，供参阅。此账单一式两份是寄给香港"莱克斯"办事处的。

（二）航次租船运费计收

在洽订航次租船（程租）合同时，承租人和出租人对运费率、计费标准和运费的支付方式等都需要进行洽谈并在合同中订明。

1. 程租运费计费方法

租船租金或运费率的高低主要决定于租船市场的供求关系，但也与运输距离、货物种类、装卸率、港口使用、装卸费用划分和佣金的高低有关。航次租船合同中规定运费率的方法主要有两种。

（1）按货物每单位重量或体积若干金额计算

如果运费率按货物每单位重量或体积若干金额计算时，运费等于船舶（或某舱）的承载能力乘以合同所定的运费率。当货物的积载因数大于舱容系数时，船舶装载的最多货量等于货舱总容积除以货物平均积载因数（此时满舱不满载）；当货物的积载因数等于舱容系数时，船舶装载的最多货量等于货物重量。按船舶装载能力计算运费的方法，根据船长宣载确定的货物数量支付运费，即使实际装船的数量少于宣载的承载能力，即所谓出现短装（或称亏舱）时，托运人仍需悉数支付全部运费，不会退还因短装所造成的亏舱费。但是，有些情况下，亏舱费亦可以按协商或规定让托运人只负担其中的一部分。

（2）整船包价

整船包价又称包干运费，即合同中不规定运费率，而仅规定整船运费，不论实际装货数量多少，租船人都得按包价照付。当合同中采用这种方式计算运费时，通常都要求船东在合同中对船舶载货重量和载货容积做出保证，如果船舶的实际载货重量和载货容积少于船东保证数量，则租船人有权按照比例扣减运费作为补偿。

2. 程租运费计费标准

当按运费率计算运费时，在合同中应确定计算运费的货物运费吨。特别是在以重量为标准时，既可约定为装货数量（intaken quantity），也可约定为卸货数量（delivery quantity）。装货数量是指由发货人在装货港提供并记入提单，经船长核定后签字，即提单货量，通常租船合同规定的载货量多为提单货量。卸货数量是指由收货人在卸货港对货物称重后确定的货量。由于这种计量方式由收货人或承租人负担称重费用，因此，租船合同一般规定承租方选择按卸货量计付运费。

3. 程租运费计收时间

按照支付运费的时间来划分,航次租船运费可分为预付运费(prepaid freight 或 freight in advance)和到付运费(freight to collect)。

（1）预付运费

预付运费是指在签发提单前或签发时即需支付。在预付运费的情况下,如果约定按货物每单位重量或体积若干金额计算运费,则按照装船时的重量或尺码计算。虽然托运人申报并记载于提单上的重量或尺码是计算运费的基础,但是,如果在装船之前由具有一定资格的检量员对装船的货物进行衡量或丈量,在日后发现运费计算错误还可以追补差额。

从法理上讲,运费的支付应以到付为原则。但是,在运输实务中却普遍采用预付运费的方法。其主要原因是,国际贸易采用 CIF 或 CFR 价格成交时,卖方在装货港和在承运人签发提单时支付运费。对于舱面货、冷藏货、散装货、散装胶浆、活牲畜、鲜货、行李、家具及易腐物品等货物,通常都规定运费必须预付。预付运费的时间通常可以是:装货完毕时支付(payable on completion of loading);签发提单时支付(payable on signing of B/L);装货完毕后若干天后支付(payable in certain days after shipment)。

运费支付时间一般指的是船东收到运费的日期,而不是承租人付出的日期。预付运费有全部预付和部分预付。预付运费的方法对船舶所有人有利,特别是在合同中具有"不论船或/和船货是否灭失,运费概不退还。(Freight to be discount less and non – returnable, ship and/or cargo lost or not lost.)"的条款情况下。但对承租人来说,预付运费却有一定的风险和利息损失。

（2）到付运费

到付运费是指承运人将货物运至合同规定或承租人选择的卸货港,才能收取该货物的运费。运费到付时,一般有三种情况:船舶到达卸货港时支付(payable on arrival to destination);卸货完毕时支付(payable on completion of discharging);交付货物后支付(payable after delivery of cargo)。

在运费到付的情况下,如果在运输途中货物灭失或因损事故在中途卸下货物,除非由承运人安排将货物继续运抵目的港,否则,承运人就丧失了取得该项运费的权利。如果在运输途中,部分货物发生灭失,则运费按比例扣除。可见,到付运费对承运人不利,运费的风险始终由承运人承担。

在有些情况下,为了支付一些经常的费用,如港口费、燃料费、船员给养费用等,通常可以要求承租人预付一部分费用,但对这部分费用究竟应该算做是承租人预付运费还是承租人对出租人的贷款有争议。在到付运费下,若货物有损坏,通常还是要支付运费,属于承运人责任所造成的,收货人可以索赔。

此外,在航次租船中,除要订明以上内容外,还要订明支付的币种以及收益人和银行账户等。

（三）运费催收

1. 运费催收方式

在实际工作中,可按如下方式操作。

① 电话或书面通知。其主要是对可能拖欠运费的客户。运费催收人员应在运费回收

期内以书面形式通知其按期付费,并保留有关材料。

②上门催收。对超过付费期的运费,运费催收人员应立即上门催收,并保留详细的催收记录;经多次上门催收无效的,经运费催收领导小组同意后,可将有关材料转由法律部门进行处理。

③定期确认。对于拖欠的运费,应定期组织运费催收人员到欠费单位进行运费确认,并要求货主提供合法合理的还款计划(要求欠费单位的法人代表在还款计划上签字或加盖公章)。

④会同直接货主向协议货代催费。船代公司应与协议货代协商,扩大向直接货主收费的比例;对于欠费的货代,应向直接货主通报其欠费情况,会同直接货主共同催收。

⑤扣发提单。对于已欠费的客户,经多次催收未付款,此时可采取扣发提单、核销退税单、扣货等办法敦促其付费。

⑥停止订舱。对于付费状况较差,经常欠费的客户,以及长期欠费的系统内兄弟公司,可停止其订舱权,并函告相关方。

⑦对于确实催收无效的欠费,运费催收人员应尽快整理有关资料,在法律诉讼时效期内,报经公司领导批准,及时提出法律诉讼。

2. 运费催收函电

(1) 出口运费结算

船代收到船东来电示例。

RE MV "B" FREIGHT ACCOUNT FOR VOY 85E – 31 RCVD BUT F/ACCOUNT FOR VOY87E AMT USD 4,338.72 UNRCVD YET PLS CONFIRM WHN SENDING US RGDS.

译文:收到"B"轮第85E–31航次运费账,但87E航次运费总数4 338.72美元的运费账未收到,请证实何时寄给我。

船代复电示例。

RYTLX 2ND MAY,2018 FRT ACCT FOR MV "B" V.87E WAS SENT TO YOU IN EARLY APRIL FOR YOUR CONVENIENCE WE SENT TWO COPIES OF SAME TO YOU ONCE AGAIN PLS NOTE RGDS.

译文:参阅你方2018年5月2日的电传,"B"轮87E航次的运费账我方已于4月初寄给你,为你方便,我再次给你寄两份,此复。

(2) 进口运费结算

船代收到船东来电示例。

ROTLX MSG NO. 919102 DD 22/12/2017

RE M/V "D" V. 982 WB SLD INCHON DECEMBER,23RD,2017 CIF SHIPMENT B/L NO. 1903 – 240

SHIPPER:TDK CO. ,LTD. ,INCHON,KOREA

FRT AMOUNT:USD891.54

AS MENTIONED IN OUR A/M TLX, FREIGHT OF THIS SHIPMENT SHOULD BE TO COLLECT AT QINGDAO. PLS CFM IF YOU RECEIVED FRT AT YR END AND REMIT TO US ASAP. ANYWAY PLS ADV BY RETURN.

译文:参阅我方2017年12月22日第919102号电传

关于"D"轮982西行航次,2017年12月23日离仁川,离岸价货,提单号1903－240

发货人:韩国仁川TDK公司

运费总数:891.54美元

我在上述电传已告知你运费应在青岛收,请证实你是否收到运费并尽快汇我。但不管收到与否均请复电为盼。

船代复电示例。

RE MV "D" V. 982 B/L 1903－240 PLS BE ADVD TT FRT AMOUNT USD 891.54 DE-DUCTED BOOKING CHARGE USD 7.85 N REMITTANCE HANDLING CHARGE USD 31.23 LEAVING BALANCE USD 852.46 WHICH WE REMITTED THROUGH BANK OF CHINA QINGDAO BRANCH ON 12/3/2018 BY T/T TO INCHON REF. 2018A835619. PLS CNFM ABV IN ORDER BRGDS.

译文:"D"轮982航次提单1903－240号,运费总额891.54美元,扣除订舱手续费7.85美元和汇款手续费31.23美元,余852.46美元已于2018年3月12日由中国银行上海分行汇往东京,电汇号2017A835619,此告。请证实上述正确无误。

(四) 运费管理

船代公司无论收到运费与否,均需按规定的时间付款。因此航运企业在及时收回运费上不存在风险,相关风险转嫁给了船代公司。由于船代公司手续费收入仅是运费总额的0.75%,甚至更少,在相应运费付给航运企业后,如果稍有不慎导致运费不能收回,损失将是双倍的。因此船代公司建立必要的运费管理制度,加强客户管理,进行有效的风险控制,防范经营风险已是当务之急。

运费管理总原则如下。

① 坚决实行"见款放单、付款放货"的原则,确立"谁揽货、谁收费"的最终原则。运费收取责任落实到人,并建立健全科学的考核和奖惩制度。

② 建立公司严格的内部监督控制制度,建立严格的运费回收考核制度,落实责任人业绩工资与运费回收挂钩的奖惩比例。

③ 建立完善、动态的客户信用等级评定制度,确立"付费方式、付费期限根据客户信用等级确定"的原则。

④ 严格按照"权责发生制"的原则核算运费,保证核算的真实正确。

运费不能及时收回,有时是因客户对服务执行情况有异议造成的,从而拒绝付款。因此船代公司在加强对客户信用管理的同时,必须提高自身的服务质量,加强内部生产管理,提高履约能力,避免企业由于自身原因而造成应收账款和坏账。

知识链接

船舶港口使费账单常见错误与预防对策

一、船舶港口使费的收取

船舶港口使费账单一般是指船舶挂靠港口期间所发生的各种费用的原始单(收)据及相

关附件,通常由费用总括和费用明细两个部分组成。其中,费用总括通常列明使费账单中所有费用名称及金额,以及全部费用的总额;费用明细部分则按照费用总括描述费用的顺序,依次提供相关费用的原始单(收)据及相关附件。船舶港口使费账单通常由船舶代理负责收集、整理和编制。船舶所有人或船舶经营人通常委托船舶代理支付船舶在港期间发生的各项费用,后者凭借船舶港口使费账单向前者结清费用。

船舶港口使费账单中的费用一般分为港口费用和货物费用。其中,港口费用通常包括港务费、船舶吨税、引航费、拖船费、系(解)缆费、停泊费、锚泊费、灯标费、代理费、交通费、通信费等。港口费用通常由不同单位或部门收取,以国内港口为例:港务费由海事部门收取;船舶吨税由海关收取;引航费由引航站收取;拖船费由拖船公司收取;系(解)缆费、停泊费由码头经营人收取;锚泊费由港务管理部门收取;代理费由代理公司收取;交通费、通信费则由服务提供商收取。货物费用一般包括理货费、装(卸)费、绑扎费、租用装卸设备(如岸吊、浮吊、叉车、铲车、吊货索具等)费、陆路转运费等。各种货物费也由不同收费单位收取,以韩国港口为例:理货费通常由理货公司收取;装(卸)费、绑扎费通常由工会控制的装卸公司收取;租用装卸设备费通常由设备的业主收取;陆路转运费通常由物流公司收取。

对于同一种港口费或货物费,不同国家的港口之间甚至同一国家不同港口的计费标准也有所不同。通常被选用为港口费计算依据的船舶参数有:总登记吨位(GRT)、净登记吨位(NRT)、排水量(DWT)、体积(LOA×B×D)、船舶主机功率等。拖船费的计算依据更是多样化:既有选择 GRT 或 NRT 的,也有选择 DWT 或船长(LOA)的,还有选择船舶面积(LOA×B)或体积(LOA×B×D)的,甚至还有将上述参数进行组合或按拖船功率和使用时间来计费的。装(卸)费计算依据通常有:工种和工时;装(卸)货物的数量,可以是公吨或容积吨,也可以是长吨或短吨等;前两种的混合。

由于船舶港口使费牵涉面广,收费单位、计费依据复杂,因此船舶港口使费账单很容易发生各种错误。这些错误收费直接影响船舶经营人的经营成本和利润。

二、常见错误

(一) 费率错误

1. 采用已失效的费率

例如,从 2009 年 2 月 24 日起,印度港口的服务税费率由 12.36% 降至 10.30%,但近日仍有船舶代理在使费账单中按 12.36% 的费率加收服务税。

2. 采用不恰当的费率

例如,根据船舶类型的不同,2008—2009 年苏伊士运河过河费费率共设 13 类。在船舶港口使费收取中,因搞错船舶类型而发生的计费错误不在少数。

(二) 依据错误

1. 时间错误

例如,在特立尼达和多巴哥的 Point Lisas 港,对于 LOA >130 米的船舶而言,拖船费按 1 500 美元/小时计收,如果计费时间弄错,就直接导致拖船费出错。

2. 次数错误

例如,国内外很多港口的垃圾费是计次收取的,如果清理垃圾服务次数计算有误,而船员在审签时又不注意,那么收取的垃圾费就会出错。

3. 船舶参数错误

作为计费依据的船舶参数可能是一个,也可能是多个。船舶代理向收费方申报的船舶参数是否准确直接影响相关收费的准确性。

4. 计费吨错误

常见错误有以下两类:

① 采用错误的计费吨。例如,韩国港口设备装货费的计费吨选用设备体积/1.13 与设备重量中的较大者,而韩国港口设备理货费的计费吨选用设备体积与设备重量中的较大者,将这两项费用弄错的情况较多。

② 多计计费吨。例如,船舶在苏丹港卸下包含集装箱在内的件杂货时,集装箱卸货费通常由港方收取,而其他件杂货卸货费由船舶代理请用的装卸公司收取。在实际操作中,装卸公司收取装卸费的计费吨中未扣除集装箱内装货物的计费吨的错误时有发生。

世界上很多港口某些费用的计费依据不止一个,如墨西哥 Veracruz 港的引航费计费依据有两个:GRT 和吃水。只要其中一个出错就导致引航费计算错误。

(三)货币兑换率错误

很多国家的货币与美元之间的兑换率时刻在变化。船舶代理如果选用不恰当的货币兑换率就直接导致船舶所有人或船舶经营人以美元支付的港口使费出现错误。如果船舶经营人能及时与船舶代理商定、确认账单所采用的兑换率,就能有效防止此类错误的产生。

(四)附加税错误

对港口使费加收的附加税通常有增值税、服务税、商品交易税等。附加税错误通常表现为对征收范围外的费用征收附加税。

(五)收取不应由船舶所有人或船舶经营人支付的费用

例如,在装货条款为"Free In"的情况下,船舶代理(或收费方通过船舶代理)向船舶所有人或船舶经营人收取装货费。

(六)虚报或虚构费用

某港钢材装货费为 5 美元/吨,但船舶代理却按 6 美元/吨向船舶所有人或船舶经营人收取装货费,这是虚报费用。船舶离港时只用一艘拖船,但在船舶使费账单中却按两艘拖船向船舶所有人或船舶经营人收费,这就是虚构费用。

(七)重复报账

重复报账是指船舶代理(或收费方通过船舶代理)将船舶在港发生费用向船舶所有人或船舶经营人报账后,再次甚至多次将同样费用向船舶所有人或船舶经营人报账。船舶代理的使费账单管理工作混乱是产生这类错误的主要原因。

三、预防对策

(一)重视和加强对船舶代理的选用和管理

从上述对船舶港口使费账单常见错误的分析中可以看出,各种常见错误的产生都直接或间接与船舶代理有关。船舶代理是船舶所有人或船舶经营人与港口各收费方沟通的桥梁。船舶代理的责任心和内部管理水平直接影响船舶使费账单的准确率。因此,船舶所有人或船舶经营人必须重视和加强对船舶代理的选用和管理。建议船舶所有人或船舶经营人在选用船舶代理时考虑以下原则。

① 优先选用港口所在地的船舶代理。相对于其他代理而言,港口所在地的船舶代理更容易在现场直接跟踪船舶在港的各种信息并及时向各收费方传递、核对各种收费依据,能更有效地防止收费方的收费错误。

② 直接委托目标代理作为船舶代理。委托船舶代理的层次越多,船舶资料被转发的次数就越多,船舶使费账单出错的可能性也越大。

③ 择优选用船舶代理。通常责任心强、内部管理完善的船舶代理编制的船舶使费账单较少出错。

(二)提供正确的船舶资料

船舶所有人或船舶经营人应将正确无误的船舶资料提供给船舶代理,这是船舶代理能够向其他收费方提供正确船舶资料的前提,而船舶代理提供正确的船舶资料是收费方正确收费的前提。

(三)熟悉各港最新使费费率及相关规定

世界上很多港口的使费费率变动频繁。使费费率变动通常有以下两种形式。

① 费率调整。例如,苏伊士运河过河费费率几乎每年调整一次。

② 费目增减。例如,自 2009 年 1 月 1 日零时起,我国港口停止征收航道养护费;又如,911 事件之后,世界上很多港口加强港口保安工作,并增收保安费。船舶所有人或船舶经营人熟悉港口最新费率及相关规定,便于及时审核并纠正船舶代理使费预估中的错误。

(四)要求船员严格审签相关单据

船员在船舶生产现场承担审签来自船舶代理和各收费方的单据的责任。船舶所有人或船舶经营人应要求船员严格审签各种送签的单据。

(五)与船舶代理商定船舶账单采用的兑换率

为避免船舶代理利用兑换率波动牟利,船舶所有人或船舶经营人应与船舶代理商定船舶使费账单的基准兑换率。目前较常见的做法是:船舶代理采用收到船舶所有人或船舶经营人的使费备用金汇款当天的兑换率作为船舶使费账单的基准兑换率。

（六）只接受附有原始单据的费用

一般而言,每项收费通常只有一份原始发票或单据。船舶所有人或船舶经营人应要求船舶代理收集相关费用的原始发票或单据制作船舶使费账单,拒付采用复印件单据的费用。这是避免重复报账的重要对策。

第三章
船舶代理外勤业务

知识目标

1. 了解船代外勤业务流程。
2. 认知船舶进出口申报单证。
3. 掌握船舶进出口手续。
4. 熟悉常见的船方委办事项。

能力目标

1. 能够填制船舶进出口申报单证。
2. 能够按正确的程序办理船舶进出口手续。
3. 能够正确处理装卸准备就绪通知书的递接。
4. 能够缮制装卸时间事实记录。
5. 能够顺利完成船方委办事项。

第一节　船代外勤业务流程

任务导入

　　为了规范船代外勤操作程序,提高工作效率,天津阳光船舶代理有限公司总经理要求外勤业务部制作一份外勤工作指导书。请模拟外勤部经理,梳理船代外勤的工作内容与流程,制作出一份详实的船代外勤工作指导书。

任务分析

　　船代外勤主要负责船舶在港期间的现场代理业务工作,充当船方与港口、货方、装卸公司等相关部门和当事人的桥梁。船代外勤负责的工作内容大多数是事务性工作,由于具体的工作内容较为琐碎,因而船代外勤必须相当的认真细致,一方面要帮船东和船员代办一些杂事,另一方面还需要协调好船、港、货三方的关系。为了制作出详实的船代外勤工作指导书,需要明确船代外勤的岗位职责,汇集并整理各项外勤工作内容与流程,并整理成文,作为公司外勤岗位的操作规程执行。

任务实施

一、目的

为确保公司所代理的船舶的正常运作,缩短船舶在港时间,减少船舶在港费用,不断完善和规范船务外勤操作程序,特制定本工作指导书。

二、岗位职责

① 船到前查阅船档,了解船舶来港任务并准备好联检表格。
② 在船舶靠妥后,及时登轮办理联检手续。
③ 记录船方委办事项并及时处理。
④ 现场协调好同各单位的业务关系,确保船舶在港正常工作。
⑤ 做好外勤单船记录本(见图 3 - 1),并及时归档。

三、工作流程

(一)船舶抵港前

在船舶抵港前,船代外勤首先要根据进港船舶动态,以轮值方式确定值船任务。有值船任务的外勤要做好登轮准备工作。

1. 认真阅读船档,掌握有关情况

外勤在接到业务部转交的单船档案后,首先要仔细阅读委托书,要求掌握委托方名称及其他各有关方名称、船舶规范、来港任务、上下港名称、装卸货是否有特殊要求等。其次,应及时查阅与委托方、船方的来往函电,了解船舶的委办事项及计划调度预先安排需处理的事情。最后,还应向调度员了解船舶的港口使费情况,做到心中有数。

如果代理租船运输,外勤要认真阅读租船合同,掌握有关方在租船合同中的地位和相关条款。例如,了解递接船舶装卸准备就绪通知书和船长宣载通知书等有关规定,以及关于装卸费、理货费、平舱费、开关舱费、困难作业费、混票分票费等有关费用的分担约定。

2. 跟踪船舶动态,告知有关方

外勤应和本公司的计划调度人员保持沟通,跟踪船舶动态,将船舶动态和值船业务员的姓名、联系办法及时通报给港口、口岸当局、引航站等相关单位,提前办理船舶进口手续与确定靠泊作业的时间,协调有关部门的工作衔接。

外勤单船记录本

年度顺序号：	（年）		月度编号：		（月）
船名：	（中文）				
	（英文）				
船舶呼号：		船舶国籍：		海关编号：	
外勤主办者：					

船舶抵港前计划安排和有关事宜					
船东：					
租家：					

进口					
货名：			吨数：		
收货人：			特殊货物：		

出口					
货名：			吨数：		
通关情况：			入货情况：		
发货人：					
靠泊计划：			泊位安排：		
预离时间：					

船泊抵港记录					
总吨：		净吨：		载重吨：	
总长：		吃水：	前	后	
抵港时间：			靠泊时间：		
抵港存油：	FO. DO. FW.		吨税有效期：		
卫生控制证书：					
卫生证书：					
工作记录：					

图3-1 某船代公司外勤单船记录本

在了解船舶进港作业安排后，外勤应及时告知船方引航时间、地点，靠泊时间，指定锚泊地点，并通知船方、委托方装卸作业计划。

3. 备妥所需的表格单证

在船舶抵港前，外勤应备齐办理船舶进口手续所需的各种单证、表格，并将需递交船方的随船单证、信件、邮件、传真等文件及时准备好，待船靠妥后送达船方。

（二）船舶抵港后

1. 办理船舶进口手续

（1）锚地检疫

如果船舶需要锚地检疫，外勤应事先通过移动电话或甚高频无线电话与船长取得联系，了解锚位、抵港实际吃水、船上存油存水情况，通知船长靠泊计划、锚地检疫时间、引航员上船时间等。当船舶抵达锚地后，外勤应及时安排检疫。

（2）船舶联检

船舶从锚地靠码头泊位，外勤与边防检查人员一同登船进行预检，对在船人数进行核查，并进行认证对照。然后等待卫生检验检疫官员登轮进行船舶卫生检查，递交卫生检验检疫单据。当联检结束后，将黄色检验检疫旗帜降下，作业人员可以登船作业。

（3）码头办理

在船舶靠妥后，外勤应马上登轮与船长共同缮制联检单据，并索取相关证件、证书，送交有关联检部门办理船舶进口联检手续。外勤在办妥船舶进口手续后应及时通报值班调度及港口作业单位。

2. 接船工作

外勤在接船后，除办理船舶进口手续外，还应做好以下工作。

① 请船长在联检单据上签字盖章。认真核对船员名单和证件，如有误，敦促船方迅速更改。

② 将船方函电及船员信件送交船长签收，并在单船记录本上做好签收记录。

③ 与船方核实下列信息：船舶抵港时间、抵港吃水、抵港存油水量、引航员上下船时间、起锚进港时间、靠泊时间、船舶规范、船舶和船员证书是否有效、船方委办事项、货名和数量。在单船记录本上做好记录，同时将上述情况电话通知值班调度。此外，应将装卸时间事实记录中抵港、检疫、验舱、熏蒸、报关、信用证、引水员上船、船舶起锚靠泊等时间记录交船长或大副签字确认。

④ 对于临时产生费用的委办事项，要及时打电话给公司计划员或调度，待有关费用得到确认后再予办理。

⑤ 单证交接。向船方索取积载图，在船舶靠泊后转交给码头作业部门。积载图上应注明船舶长、宽、总吨、装港、由谁负责开关舱、压载水数量和排放时间、吊杆数和负荷。将装货单及有关资料转交船长/大副，留档两份。载有散杂大宗货的船舶，如委托方/船长要求必须凭正本提单卸货，则将已背书的正本提单交船长并取得收据。

⑥ 询问有关船舶证书是否有效并协助办理。如船舶无吨税执照，或执照过期，需购买吨税，外勤填写申请书一式两份船长签字确认后，交海关一份，另一份存档。另外向船长索要国籍证书和吨位证书的正本和复印件，并做好签收。

⑦ 如需验船、公估水尺，通知相关单位上船办理，做好记录。

⑧ 如果现场发生难以解决的问题或重要事项,如船舶发生触礁、碰撞、失火、爆炸等海损事故,外勤应立即向部门经理汇报,请示处理意见,并做好记录。

待以上工作完毕,将外勤单船记录本存档。

3. 登轮工作

① 船舶靠泊后,外勤业务员每日登轮不少于一次。

② 每日与船方、港方核对作业时间、作业进度、停工时间原因(如有)、预计完工时间及其他事宜。每日两次向客户发送船舶日报,报告船舶白天及夜间在港情况,日报在外勤业务员认真自查后发出。

③ 现场发生的重大问题,应及时汇报调度,并向公司领导请示处理意见,做好记录。

④ 负责船方信件和电报的转递。

⑤ 对于散杂货船舶,在货物装船后,外勤应抄录大副收据并于当日报内勤调度。

⑥ 外勤业务员负责办理委托方代表及中国船员家属的临时登轮证。

(三) 船舶离港前

在船舶即将完成来港任务之前,外勤应做好船舶离港前的准备工作。

1. 开航准备通知

港务局根据船舶作业进度对在港船舶的离港时间进行计划。内勤调度一旦收到港务局发出的船舶离港动态后,立即通知外勤。外勤在接到离港动态后,应及时通知船方预计开航时间和预计引航员登轮时间,以便其提前做好开船的准备。

2. 货物手续办理

① 对于进口卸货船舶,当全船作业完毕后,外勤应与理货或商检及相关方核对货物数量,如有不符及时通知调度;对于出口装货船舶,当全船作业完毕后,外勤应及时登轮核对业务部缮制的舱单是否与大副收据相符,如有不符,舱单应依据大副收据进行更改。核对无误后,由船长在舱单上签字盖章,后报交海关,并将出口舱单等随船单证交船长签收,如有随船信件,请船长签收,做好记录。

② 提单签收。如果是船长签提单,根据大副收据,请船长签清洁提单。如有争议,应与货主协商解决,提单签妥后交调度,或根据委托方的指示办理。

3. 装卸时间事实记录表缮制

船舶在港期间发生装卸货的,在船舶离港前,外勤要缮制装卸时间事实记录表。详细记录船舶抵港至船舶开航的各项重要作业的时间。在缮制时间表的过程中,外勤应每日与船长/港方核实作业时间、非作业时间、完工时间。待装卸时间事实记录表缮制完毕,外勤应与船长共同签署,给船长一份,代理留底一份,传真给委托方并存档。

4. 船舶出口手续办理

外勤应向船长索取办理出口手续的有关单证和表格,按照各联检单位及港口的有关要求办理船舶出口手续。

5. 记录离港数据

在船舶离港前,外勤应记录好船舶开航前的存油水、前后吃水、完货时间及预抵下一港的时间等数据。

6. 落实各项费用

在船舶离港前,外勤应落实船舶在港发生的各项费用。确保各项费用收据已由船方签字、盖章确认。如发生额外费用,应及时通报相关业务人员,以便在船舶离港前向船方索要。

(四) 船舶离港后

① 在船舶离港后,外勤应尽快向委托方发送开航报告。对于集装箱船,应发离码头报告(Terminal Departure Report,TDR)。报告内容至少应包括:进出口货物的名称、数量,装/卸完毕时间,船舶离港吃水/存油水量,船舶开航时间及预抵下一港的时间,船舶在港期间发生的各种问题和解决情况等。

② 根据委托方或船方的要求,及时向委托方传真有关货物单证、船方电文等,并及时寄送船方信件。

③ 整理外勤单船记录本及有关单据,确认单船记录本填写完整无误,资料齐全后归档。

第二节　船舶进出口手续办理

任务导入

"超星"轮需要进入天津新港卸货,作为该船的登轮代理,请你依照相关法律法规办理船舶的进出口手续。

任务分析

在我国,进出我国口岸的外国籍船舶和航行国际航线的中华人民共和国国籍的船舶,被统称为国际航行船舶。凡此类船舶,进出港口都需要向口岸机构办理进出港手续,接受检验检疫局(简称卫检)、边防检查站(简称边检)、海事局和海关的检查。

为了加强对国际航行船舶进出我国口岸的管理,便利船舶进出口岸,提高口岸效能,国务院于1995年发布了《国际航行船舶进出中华人民共和国口岸检查办法》(见附录A)。根据该办法规定,在船舶进、出口岸前,船方或其委托的船舶代理人,必须事先向上述口岸机构联系,申报并取得各种必要的签证。

要完成上述工作任务,船代外勤(登轮代理)需要掌握船舶进出口岸检查规定,熟悉办理船舶进出口手续所需的相关单证,具备较强的语言沟通能力和协调能力。

任务实施

一、船舶进口手续办理

(一) 海事手续

中华人民共和国海事局是对我国管辖水域的交通安全和防止船舶污染实施统一监督的主管机构。对于进出境船舶,海事局主要对船舶安全、船舶是否载运危险货物、船舶国籍、在船船员是否符合船籍国的配员要求等方面进行监管。

对于入境船舶,根据《国际航行船舶进出中华人民共和国口岸检查办法》规定,由船方或其代理人在船舶预计抵达口岸7日前(航程不足7日的,在驶离上一口岸时),填写国际航行船舶进口岸申请书,报请抵达口岸的海事机构审批。船舶经审批准许入境后,船方或其代理人应及时通知海关、边检、卫检机构。

在船舶预计抵达口岸24小时前(航程不足24小时的,在驶离上一口岸时),船代应将抵离港时间,停泊地点,靠泊计划及船员、旅客的有关情况,船舶装卸货物、物品的时间等情况报告海事机构。

船代在办理进口岸手续时,应向港口所在地的海事机构准确填报并提供总申报单(见图3 - 2)、船员名单(见图3 - 3)、货物申报单(见图3 - 4)、船舶概况报告单(见图3 - 5)、上一港口的出口岸许可证,以及海事机构要求的其他单证、报表、证件或资料。

国 际 海 事 组 织

总申报单

□抵港　　□离港

1.1. 船名及船舶种类		1.2. IMO 编号	
1.3. 呼号		2. 抵/离港口	
3. 抵/离日期及时间		4. 船旗国	
5. 船长姓名		6. 上一港/下一港	
7. 国籍证书(船籍港,签发日期,编号)		8. 船舶代理名称和联系方式	
9. 总吨	10. 净吨		
11. 船舶在港位置(锚位或泊位)			

12. 航次摘要(先后挂靠港口,并在即将卸下留存货物的港名下划线标注)

13. 货物简述

14. 船员人数(包括船长)		15. 旅客人数		16. 备注:
所附单证(标明份数)				
17. 货物申报单		18. 船用物品申报单		21. 船舶对废弃物和残余物接受设施的需求
19. 船员名单		20. 旅客名单		
22. 船员物品申报单 *		23. 航海健康申报书 *		

船长或其授权代理人签名及日期：＿＿＿＿＿＿＿　签名＿＿＿＿＿　年＿＿＿月＿＿＿日
检查机关签注：＿＿＿＿＿＿＿＿＿＿＿＿＿＿＿＿＿＿＿＿＿＿＿＿＿＿＿＿＿

* 仅适用抵港。

图 3－2　总申报单(中文版)

船员名单

☐ 抵港　　☐ 离港

1.1. 船名	2. 抵/离港口					
1.2. IMO 编号	3. 抵/离日期					
1.3. 呼号						
4. 船旗国	5. 上一港					
序号	姓名	性别	职务	国籍	出生日期	证件种类及号码

船长或其授权代理人签名及日期：＿＿＿＿＿＿　签名＿＿＿＿＿＿＿　年＿＿＿＿月＿＿＿＿日

图 3-3　船员名单

国 际 海 事 组 织
货物申报单

☐抵港　　☐离港

1.1.船名		1.2.IMO 编号		1.3.呼号	
2. 申报港			3. 船旗国		
4. 船长姓名			5. 装货港/卸货港		
6. 标志和编号	7. 包装种类和数量,货名或 HS 编码(如有)			8. 毛重	9. 尺寸

船长或其授权代理人签名及日期:＿＿＿＿＿＿＿＿＿＿＿＿ 签名＿＿＿＿＿ 年＿＿＿ 月＿＿＿日
运输单证号 ＿＿＿＿＿＿＿＿＿＿＿＿＿＿＿＿＿＿＿＿＿＿＿＿＿＿＿＿
对采用多式联运单证或提单运输的货物,请同时说明起运港。

图 3－4　货物申报单(中文版)

船舶概况（不适用不填）						
船名		船旗国/船籍港		建造年月	船舶种类	
IMO 编号		总吨		净吨	载重吨/标箱	
呼号		总长		型宽	型深	
龙骨以上最大高度		夏季满载吃水		淡水宽限	主机功率	
初始登记号		保安等级		所有人/经营人		

船舶证书（不适用不填）							
证书名称	签发日期	有效期止	最近年检日期	证书名称	签发日期	有效期止	最近年检日期
国籍证书				最低安全配员证书			
国际吨位证书				国际防污底系统证书			
国际载重线证书				散装化学品适装证书			
国际防止油污证书				防止有毒液体污染证书			
货船构造安全证书				油污损害民事责任公约证书			
货船设备安全证书				船公司符合证明			
货船无线电安全证书				安全管理证书			
国际防止空气污染证书				保安证书			
国际防止生活污水污染证书				载明救生设备仅供总人数_____人使用			
免除证书				免除内容			

船员适任证书			
职务	证书编号/有效期截止	职务	证书编号/有效期截止
船长		轮机长	
大副		大管轮	
二副		二管轮	
三副		三管轮	
无线电员		无线电员	

安全检查					
是否持有安检报告（PSC/FSC）	是/否	最近一次检查日期/地点		本港是否有复查项目	是/否

_____海事局：兹声明我船证书齐全，处于适航状态，船员配备及货物装载符合要求，申请材料准确无误！

船长签字		日期（DD/MM/YY）	

注：船舶概况报告单分 A、B、C 三种格式，供不同船舶使用。A 格式为一般国际航行船舶使用；B 格式为航行于港澳地区或其他边境国家或地区未使用国际公约规定证书的船舶使用；C 格式为进出黑龙江水系中俄边境口岸的船舶使用。

图 3-5　船舶概况报告单（A）

（二）检验检疫手续

国家质量监督检验检疫总局在各地设有地方出入境检验检疫局,主管口岸出入境旅客和出入境货物、动植物及其产品、运输工具等的检验检疫和监督管理工作,承担国境卫生检疫、动植物检疫和进出口商品检验等职能。对于出入境船舶,检验检疫机构主要是对船舶的卫生状况、船员的健康状况进行监督和检查。

船舶代理人在船舶预计到达口岸 24 小时前(航程不足 24 小时的,在驶离上一港口时),根据船方电报内容,向口岸卫生检疫机构报告下列内容:船名、国籍、预定抵港日期和时间;10 日内停靠港口及最后寄港的驶离日期;船员和旅客的人数及健康状况;如有病人,病人的主要症状;船舶卫生证书编号,除鼠证书和免于除鼠证书的签发日期、签发港;货物、集装箱种类、数量及其装载港和日期;饮水、食品、压舱水的数量、装载港及日期。

按国际惯例,接受入境检疫的船舶在白天时,按规定在明显处悬挂国际通信信号旗:Q字旗表示本船没有染疫,请发给入境检疫证;QQ 字旗表示本船有染疫或染疫嫌疑,请即刻实施检疫。夜间在明显处垂直悬挂灯号:红灯三盏表示本船没有染疫,请发给入境检疫证;红、红、白、红灯四盏表示本船有染疫或染疫嫌疑,请即刻实施检疫。在卫生检疫机构发给入境检疫证前不得降下上述检疫信号。悬挂检疫信号的船舶,除引航员和经卫生检疫机构许可的人员外,其他人员不准上船,不准装卸行李、货物、邮包等物品,其他船舶不准靠近;船上的人员,除因船舶遇险外,未经卫生检疫机构许可,不准离船;引航员不得将船引离检疫锚地。

根据国家质量监督检验检疫总局发布的《国际航行船舶出入境检验检疫管理办法》,检验检疫机构对申报内容进行审核,确定以下检疫方式,并及时通知船方或其代理人。

1. 锚地检疫

检验检疫机构对存在下列情况之一的船舶应当实施锚地检疫。

① 来自检疫传染病疫区的。

② 来自动植物疫区,国家有明确要求的。

③ 有检疫传染病病人、疑似检疫传染病病人,或者有人非因意外伤害而死亡并死因不明的。

④ 装载的货物为活动物的。

⑤ 发现有啮齿动物异常死亡的。

⑥ 废旧船舶。

⑦ 未持有有效的除鼠/免于除鼠证书的。

⑧ 船方申请锚地检疫的。

⑨ 检验检疫机构工作需要的。

2. 电讯检疫

持有我国检验检疫机构签发的有效交通工具卫生证书,并且没有实施锚地检疫所列情况的船舶,经船方或其代理人申请,检验检疫机构应当实施电讯检疫。船舶在收到检验检疫机构同意电讯检疫的批复后,即视为已实施电讯检疫。船方或其代理人必须在船舶抵达口岸 24 小时内办理入境检验检疫手续。

3. 靠泊检疫

对未持有有效交通工具卫生证书,且没有实施锚地检疫所列情况或者因天气、潮水等原因无法实施锚地检疫的船舶,经船方或其代理人申请,检验检疫机构可以实施靠泊检疫。

4. 随船检疫

检验检疫机构对旅游船、军事船、要人访问所乘船舶等特殊船舶以及遇有特殊情况的船舶,如船上有病人需要救治、特殊物资急需装卸、船舶急需抢修等,经船方或其代理人申请,可以实施随船检疫。

申请电讯检疫的船舶,首先由船方及其代理人填写船舶入境的电讯卫生检疫申请书并传给卫生检疫机构,在入境前 24 小时应向卫检机构报告:船名、国籍、预计到达检疫锚地的日期和时间;发航港、最后寄港;船员和旅客人数及健康状况;货物种类;船舶卫生证书的签发日期和编号、除鼠证书或者免于除鼠证书的签发日期和签发港,以及其他卫生证件等事项。卫生检疫机构工作人员根据申报内容依据法律和有关规定做出锚地、靠泊或随船卫生检疫的决定,并将处理意见及时通知船舶代理人。

如实施靠泊检疫,外勤应在已确定船舶靠泊时间,但船舶尚未靠泊时,及时通知卫检机构准确的靠泊时间,以便其安排登轮查验工作,并在 24 小时内到卫检机构办理进口手续。办理检疫手续需要递交以下单证:总申报单、货物申报单、船舶物品申报单(见图 3-6)、船员名单、旅客名单(如有旅客)、船舶进境航海健康申报书(见图 3-7)、有关卫生证件、动植物检疫证书。此外,外勤应通知船方,确保在卫生检疫结束后无一般人员上下船。在船舶靠泊后,一般由外勤陪同检疫官对船舶实施卫生检疫。只有符合卫生检疫标准的方可签发入境船舶卫生检疫证书,船舶方可降下检疫信号。

船舶物品申报单
Ship's Stores Declaration

编号: □抵港   □离港
No.   Arrival   Departure

1. 船名 Name of ship		2. 抵/离港口 Port of arrival/departure		3. 抵/离日期 Date of arrival/departure
4. 船籍 Nationality of ship			5. 驶来港/目的港 Port arrived from/Port of destination	
6. 在船人数 Number of persons on board	7. 停留时间 Period of stay		8. 物品存放位置 Place of storage	
9. 品名 Name of article	10. 数量 Quantity		11. 检查机关签注 For official use	

船长或其代理人签名、日期
Date and signature by master, authorized agent or officer

图 3-6 船舶物品申报单

中华人民共和国出入境检验检疫

航海健康申报书

MARITIME DECLARTION OF HEALTH

Entry – Exit Inspection and Quarantine of the P. R. of China

抵/离港 Port of Arrival/Departure 1）_____　来自/到 From/To 1）_____

抵/离日期及时间 Time and Date of Arrival/Departure 1）_____

船名 Name of Ship _____	国籍 Nationality _____	船长姓名 Name of Captain _____

注册净吨位 Net Tons　　　载货种类及数量 Description and Quantity of cargo _____

除鼠/免于除鼠证书 Deratting /Deratting Exemption Certificate 1）_____

是否有压舱水 Ballast Water　□Yes □No	签发港及日期 Port and Date of Issue _____
船员人数 Number of Crew _____	旅客人数 Number of passagers _____
食物装载港 Port of Provisions Taken _____	饮水装载港 Port of Water Taken _____

船舶在港期间人员变动情况 Description of any change of crew while in port 2）

沿途寄港及到达离去日期 Port of Call with Dates of Arrival and Dates of Departure 3）

健康问题 HEALTH QUESTIONS	回答有或无 ANSWER YES OR NO
1. 船上有无发现鼠疫、霍乱、黄热病等病例或疑似病例？应用附表详细记载。 1. Has there been on board any case or suspected case of plague, cholera or yellow fever? Give particulars in schedule.	□有 Yes　□无 No
2. 船上鼠类曾否发生鼠疫或疑似鼠疫，或曾否发生鼠类反常死亡？ 2. Has plague occurred or been suspected among the rats or mice on board, or has there been an abnormality among them?	□有 Yes　□无 No
3. 除意外伤害外，船上曾否有人死亡？应用附表详细记载。 3. Has any person died on board otherwise than as a result of accidents? Give particulars in schedule.	□有 Yes　□无 No
4. 除问题"1"所述外，船上有无流感、疟疾、脊髓灰质炎、登革热、斑疹伤寒、回归热、艾滋病、性病、麻风病、开放性肺结核、精神病病例以及其他传染病或疑似病例？应用附表详细记载。 4. Has there on board any case or suspected case of influenza, malaria, poliomyelitis, dengue fever, typhus fever, relapsing fever, AIDS, venereal diseases, leprosy, active pulmonary tuberculosis, psychosis, or other infectious discases apart from the statement in question No. 1? Give particulars in schedule.	□有 Yes　□无 No
5. 船上有无导致感染或使疾病传播之其他情况？ 5. Are you aware of any other condition on board which may lead to infection or the spread of disease?	□有 Yes　□无 No
6. 船上人员有无健康证书？ 6. Do the person on board possess valid health Certificates For International Traveller?	□有 Yes　□无 No

图 3-7　航海健康申报书

注:如无船医,船长须以下列症状为疑似病例之根据:高热伴有虚弱或连续数日发热或附带淋巴腺肿;急性皮疹伴发热或不发热;急性腹泻并有虚弱症状;黄疸并发热。

NOTE:In the absence of a surgeon,the captain should regard the following symptoms as ground for suspecting the existence of disease of an infectious nature:fever accompanied by prostration or persisting for several days,or attended with glandular swelling;any acute skin rash or eruption with or without fever,severe diarrhoea with symptoms of collapse;jaundice accompanied by fever.

兹申明对上列问题的回答(包括附表)尽我所知相信属实无讹。

I hereby declare that the particulars and answers to the questions given in ths declaration of health(including the schedule) are ture and correct to the best of my knowledge and belief.

日期 Date _____   船长签名 Signature of Captain _____

船医附签 Countersignature of ship's surgeon _____

如入境船舶自开航已逾四周,仅申报最后四周的情况。

If more than 4 weeks have elapsed since the voyage began,it will suffice to give particulars for the last 4 weeks.

1)划去不需要的部分 Cross – out the unnecessary part
2)只适用于出境船舶 Only for departure of ship
3)只适用于入境船舶 Only for arrival of ship

图 3-7　续

(三) 边防检查手续

中华人民共和国出入境边防检查站是国家设在对外开放口岸的出入境检查管理机关,依据《中华人民共和国出入境边防检查条例》等法律法规的规定,执行维护国家主权、安全和社会秩序,便利出境、入境的人员和交通运输工具的通行等任务。

出入境的船舶抵离口岸时,必须接受边防检查,入境检查在最先抵达的口岸进行,出境检查在最后离开的口岸进行,特殊情况经主管机构批准可以在特许地点进行。入境船舶自入境后到入境检查前,出境船舶自出境检查后到出境前,未经边防检查站许可,不得上下人员、装卸物品。中国船舶需要搭靠外国船舶的,应当由船长或其代理人向边防检查站申请办理搭靠手续;未办理手续的,不得擅自搭靠。出境、入境船舶有下列情况之一的,边防检查站有权推迟或阻止其出境、入境。

① 离、抵口岸时,未经边防检查站同意,擅自出境、入境的。

② 拒绝接受边防检查、监护的。

③ 被认为载有危害国家安全、利益和社会秩序的人员或物品的。

④ 被认为载有非法出境、入境人员的。

⑤ 拒不执行边防检查站依法做出的处罚或处理决定的。

⑥ 未经批准擅自改变出境、入境口岸的。

根据《国际航行船舶进出中华人民共和国口岸检查办法》规定,对于入境船舶,船方或其代理人可以申请办理船舶入境边防检查预检手续,申请时必须准确提供总申报单、船员名单、旅客名单(如有旅客)、船员物品清单,船员如需登陆,应同时提交船员登陆证申请表(见图 3-8)。

已办妥预检手续的船舶,在船靠后 4 小时内,外勤应携带海员证到边防检查机构办理正式入境手续。未办理预检的船舶,在船抵港后 24 小时内办理手续。对于来自国内港口的外国籍船舶,外勤应向船长索要随船的"边封",递交给边防检查站。

APPLICATION FOR LANDING

THERE ARE _____ CREW MEMBERS ON BOARD MY SHIP IN THIS VOYAGE. AMONG THEM _____ PERSONS APPLY FOR THE LANDING PERMITS.

HEREBY I WOULD PAY THIS AMOUNT AS SHIP'S ACCOUNT,THROUGH _____ _____ TO THE FRONTIER DEFENCE INSPECTION ORGANIZATION IN THIS RESPECT.

SHIP'S NAME AND STAMP _____

CAPTAIN'S SIGANATURE _____

DATE _____

图 3-8   船员登陆证申请书

(四) 海关手续

中华人民共和国海关是国家的进出关境监督管理机构。根据海关法和国家其他有关法律法规的规定,所有进出境运输工具自进入我国关境之日起至驶离我国关境之日止,均应该接受海关监管。

对正常入境的船舶,船方或其代理人可事先向海关办理进口手续。海关对船方及其代理人的预申请及其办理手续申请,应在船舶到港前做出答复。对抵口岸前未办好口岸手续的船舶,也可在船舶靠泊后 24 小时内到海关交验有关单证。具体交验的单证有:总申报单、货物申报单、船员名单、旅客名单(如有旅客)、船员物品申报单(见图 3-9)、船舶物品申报单、船舶进境申报单(见图 3-10)、进口载货清单、国际航行船舶吨税证书或船舶吨税执照申请书(见图 3-11)。对于来自中国港口的外国籍船舶还需要递交"关封",而对来自中国港口的中国籍船舶还需要递交"监管簿"。如果船舶停靠时间较短,经海关同意,进出口手续可以一并办理。

外勤人员在办妥船舶进口手续后应及时将手续办理情况和船舶抵港情况反馈给公司计划调度及港口作业单位。

船员物品申报单

☐抵港　　☐离港

1. 船名 Name of ship					
2. 船籍 Nationality of ship					
3. 序号 No.	4. 姓名 Name	5. 职务 Rank or rating	6. 应税、禁止或限制物品 * Effects which are dutiable or subject to prohibitions or restrictions *		7. 签名 Signature

船长或其代理人签名、日期

Date and signature by master, authorized agent or officer

＊例如,酒、酒精饮料、卷烟、烟草等。

e. g. Wines,Spirits,Cigarettes,Tobacco,etc.

图 3－9　船员物品申报单

中华人民共和国海关船舶进境（港）申报单

□抵港　□离港

1.1. 船名及船舶种类		1.2. IMO 编号	
1.3. 呼号		2. 驶离港口	
3. 抵达日期及时间		4. 船旗国	
5. 船长姓名		6. 上一港	
7. 国籍证书(船籍港,签发日期,编号)		8. 船舶代理名称和联系方式	
9. 总吨	10. 净吨		
11. 船舶在港位置(锚位或泊位)			

12. 航次摘要（先后挂靠港口,并在即将卸下留存货物的港名下划线标注）

13. 货物简述

14. 船员人数（包括船长）	15. 旅客人数	21. 吨税有效期：
所附单证（标明份数）		
16. 货物申报单	17. 船用物品申报单	
		备注：
18. 船员名单	19. 旅客名单	
20. 船员物品申报单		

注："备注"栏需注明进境船舶有无《中华人民共和国禁止进出境物品表》所列禁止进境物品。如"无",填写规范为"×××轮无《中华人民共和国禁止进出境物品表》所列禁止进境物品";如"有",具体列明物品名称、数量。

船长或其授权代理人签名＿＿＿＿＿＿＿＿＿＿＿

日期：＿＿＿＿年＿＿＿＿月＿＿＿＿日

图 3-10　船舶进境申报单

船舶吨税执照申请书
Application for Tonnage Dues Certificate

按照《中华人民共和国船舶吨税暂行办法》的规定,检同有关证件(包括国籍证书、吨位证书或当地港务机关的证明文件)开具下列事项,请予完纳船舶吨税,并发给船舶吨税执照。

In compliance with the provisions of the Provisional Regulation Governing the Collection of Tonnage Dues of the People's Republic of China, I hereby submit the following particulars together with the relevant documents (including the Certificate of Nationality, the Tonnage Measurement Certificate or supporting documents issued by the Harbor Authorities concerned) with the request for the issue of a Tonnage Dues Certificate upon payment of Tonnage Dues.

1. 船名
Ship's Name _____
2. 船舶类型
Ship's Description _____
3. 国籍
Nationality _____
4. 净吨位
Net Tonnage _____
5. 抵口时间
Arrival Time _____
6. 租用关系
Charter Relation _____
7. 按九十天期或三十天期(由申请人选定一种)
Tonnage Dues Certificate valid for 90 days / 30 days (As preferred by the applicant)

_____

兹声明上列各项申报正确无讹承担法律责任　　　　　　此　　致
中华人民共和国_____海关

I hereby declare that all the particulars given in this Application are true and correct. I will take the relevant responsibility.

To _____ Customs of the People's Republic of china

船长(签名盖章)_____
Ship's Captain (signature and stamp)
日期_____年___月___日
Date

船舶代理(签名盖章)_____
Ship's Agent (signature and stamp)
日期_____年___月___日
Date

图 3 – 11　船舶吨税执照申请书

二、船舶出口手续办理

船代外勤在办理船舶出口手续以前,应确保各项委办事项均已办妥,并已与船方交接完毕,各种证书、单证均已备妥无误,所有船员均已回船。在船舶开航前,外勤应协助船方向下列口岸查验部门填报各种船舶出口申报单证,并要求办理船舶出口手续。

(一)检验检疫局

对于下一港为国内港口的,不需要办理检验检疫手续。对于下一港口为国外港口的,一般应在船舶开航前 24 小时内,需由船代向检验检疫局提交下列文件:总申报单、货物申报单、船舶出境航海健康申报书、船员名单(船员如有变动)、旅客名单(如有旅客)、船舶出口岸联系单(见图 3 – 12)、有关卫生证件、动植物检疫证书,并从检验检疫局获得加盖放行章的船舶出口岸联系单。

船舶出口岸联系单

经办单位：   经办人签名：

船名	中文		国籍	
	英文		泊位	
海关签注	经办人签名：			年　月　日　时
边防签注	经办人签名：			年　月　日　时
检验检疫签注	经办人签名：			年　月　日　时
海事签注	经办人签名：			年　月　日　时

图3-12　船舶出口岸联系单

对船舶实施出境检疫完毕后,除引航员和经卫生检疫机构许可的人员外,其他人员不准上船,不准装卸行李、货物、邮包等物品,如果违反上述规定,该船舶必须重新实施出境检疫。

(二)海关

船方或其代理人应当在船舶开航前12小时内到海关办理船舶出口手续(船舶在口岸停泊时间不足4小时的,在抵达口岸时办理手续),并应向海关递交下列单据:总申报单、货物申报单、船员名单(船员如有变动)、旅客名单(如有旅客)、船舶出境申报单、出口载货清单、船舶出口岸联系单(已加盖检验检疫局放行章),并从海关获得加盖放行章的船舶出口岸联系单。对于下一港为国内港口的,外勤还应要求海关办理给下一港海关的"关封",并转交给船长。

(三)边防

在所有船员归船、所有作业人员下船的情况下,船舶开航前4小时内,船代外勤应到边防办理船舶离港手续,应递交下列单证:总申报单、船员名单、旅客名单(如有旅客)、船舶出境自查报告表(见图3-13)、海员证、登陆证(对于进口办理登陆证的船舶,在办理出口时,外勤必须将所有的登陆证回收给边防检查站）、船舶出口岸联系单（已加盖检验检疫局和海关放行章），并从边防检查站获得加盖放行章的船舶出口岸联系单。对于下一港为国内港口的非中国籍船舶，在办理完出口手续时，外勤应要求边防出具给下一港边防的"边封"，并交给船长随船带走。

中华人民共和国航行国际航线船舶出境自查报告表
PEOPLE'S REPUBLIC OF CHINA
INSPECTION REPORT OF THE SHIPS ON INTERNATIONAL VOYAGES

船名 Ship's name		国籍 Ship's nationality	
离港时间 Time of departure		所属公司 Ship's owner	
在港泊位 Position of the ship in the port		货物情况 Description of the cargo	
船员人数 Number of crew	（中籍） （Chinese）	（外籍） （Foreign）	
旅客人数 Nunber of passengers	（中籍） （Chinese）	（外籍） （Foreign）	
联检时间 Time of inspection		下一港 Next port	

检查情况
Inspection result

船舶负责人签名：
Master signature：

边防检查站核查情况
Immigration inspection result

检查员签名：
Officer signature：

备注：此表在办理出境手续时填报，边防检查站收存。
Remarks：This report when the time of departure to fill in，and the immigration collect.

图 3-13　船舶出境自查报告表

（四）海事局

办理船舶出口手续的最后一关是海事局审批手续。在此之前,外勤必须获得已加盖检验检疫局、海关、边防检查站放行章的船舶出口岸联系单。然后在船舶出港计划确定后,向海事局递交下列单据:总申报单、货物申报单、船员名单(船员如有变动)、旅客名单(如有旅客)、船舶出口岸联系单(已加盖检验检疫局、海关和边防检查站的放行章),并从海事局获得船舶出口岸许可证(见图3-14)。在开船以前,外勤应将船舶出口岸许可证、船舶出境检疫证(下一港国外)、"关封"(下一港国内)、"边封"(下一港国内)等随船文件交给船长。需要注意的是,如果船舶办理完出口手续24小时内未出境,需重新办理手续,否则按非法入境处理。

中华人民共和国
国际航行船舶出口岸许可证

THE PEOPLE'S REPUBLIC OF CHINA PORT CLEARANCE

NO.

船名 Name of ship		国籍 nationality	
驶往港 Next port		驶离时间 Time of departure	

签章
Issued by _____
时间
Date and time _____

备注:
Remarks:
1. 本证自签发时起24小时有效。
This clearance remains valid within 24 hours form the time issued.
2. 本证涂改无效。
Correction will render this clearance invalid.

图3-14 船舶出口岸许可证(离港证)

知识链接

链接一 国际航行船舶办理进出口手续所需证书和申请表

Registry Certificate 登记证书

Tonnage Certificate 吨位证书

Loadline Certificate 载重线证书

I.O.P.P.C. (International Oil Pollution Prevention Certificate) 国际防油污证书

Safety Construction Certificate 货船构造安全证书

Safety Radio Certificate 货船无线电安全证书

Safety Equipment Certificate 货船设备安全证书

Minimum Safety Manning 最低安全配员证书

Safety Inspection Report 安全检查报告(亚太地区)

D.O.C. (Document of Compliance) 安全管理体系符合证明

S.M.C. (Safety Management Certificate) 船舶安全管理证书

Certificate for Carrying Dangerous Goods 危险品适载证书

I.S.S.C. (International Ship Security Certificate) 国际船舶保安证书

General Declaration 总申报表

Cargo Declaration 货物申报表

Crew List 船员名单

Report on Ship's Particulars 船舶概况报告单

Last Port Clearance 上一港离港证

GMDSS (Global Maritime Distress and Safety System) Certificate 全球海上遇险与安全系统证书

Officers' Licenses 高级船员适任证书

Chinese Tonnage Dues Certificate 中华人民共和国吨税执照

Crew's Effects Declaration 船员物品申报单

Ship's Stores Declaration 船用物品申报单

Application for Tonnage Dues Certificate 吨税申请表

Maritime Declaration on Health 航海健康申报书

Animal & Plant Quarantine Declaration 动植物检疫申报单

Application on Ballast Water 压舱水申报表

Deratting Exemption Certificate 免于除鼠证书

Chinese Sanitary Certificate 卫生证书

Yellow Book 预防接种证书

Application for Landing Permit 登陆证申请

Seamen's Book /Passport 海员证 /护照

链接二　登外轮工作人员守则

（一）正确执行党和国家的方针、政策,严格遵守我国有关法律、法令和涉外纪律,自觉维护国家声誉和民族尊严。

（二）上下外轮,应该凭规定的标志或有效的登外轮证件,主动接受边防执勤人员的查验和管理。

（三）严守党和国家的机密,不准在外轮上谈论内部机密事件,不准携带内部文件、资料和禁止出口的报刊登外轮。

（四）应当在外轮上指定的地点工作、作业。非因工作需要，不准进船员房间、工作室。工作完毕，应即离船。除按规定在锚地驻外轮的工作人员外，不准在外轮上用餐、洗澡、要休息房间。

（五）不准随意拿用或损坏外轮上的设备、物品。损坏东西要赔偿。

（六）不准与外轮人员私拉关系，不得向船员讨要、价购、托购物品或私自馈赠。禁止在外轮上看电影、电视。不得随意翻阅外轮上的书刊。

（七）接触外轮船员、旅客，要热情友好，讲究礼貌，不卑不亢，尊重不同国家民族的风俗习惯，不干涉船方的内部事务。

（八）要注意个人卫生和船上卫生。要守秩序，不准打闹、吵骂。

（九）严格遵守处理涉外问题的请示报告制度，不准超越职责范围随意代表国家或机关发表意见、签署文件。内部发生意见分歧，不应暴露在外轮船员和旅客面前。

（十）发现外轮船员和旅客违犯我国法律、法令，或危害我国人民利益的行为，应当及时报告主管机关处理。

第三节　装卸准备就绪通知书的递接

任务导入

"超星"轮进入天津新港后，船长将已填制好的装卸准备就绪通知书（如下所示）交给天津阳光船舶代理有限公司。作为该公司的船代外勤，请你妥善办理通知书的递接。

Tianjin，17th March，2018

TO：Tianjin Sunlight Ship Agency Co. ，Ltd.

NOTICE OF READINESS

Dear Sirs，

Please be advised that M. V. Super Star Arrived at Tianjin Xingang at 10：15 hours on 16th March，2018 and the free pratique was granted at 11：30 hours on 17th March，2018 . Now she is in all respects ready to commence discharging her cargo nickel ore in bulk in accordance with terms，conditions and exceptions of the relevant charter party.

Notice of Readiness tendered at 11：30 hours 17th March，2018.

Master：_____

Of M. V. Super Star

Notice of Readiness accepted at 11：30 hours 17th March，2018.

As agent：_____

For and on behalf of Receiver

任务分析

装卸准备就绪通知书(Notice of Readiness,NOR 或 N/R 或 N. O. R.,以下简称通知书)是船舶代理业务中经常接触到的重要文件。它的递接工作直接涉及滞期费和速遣费的计算,关系到船、港、货等有关方面的经济利益。递接工作办理得如何也反映了代理工作质量的高低。

原则上讲,通知书应由船方通过代理向协议对方递交,由协议对方签署确认后通过代理交回船方。在国内实践中,船方递交通知书后,代理往往无法转给协议对方(找不到接受方或对方不肯接受签署),船方通常会要求代理来签署通知书。因此,作为办理通知书递接工作的外勤,在接到船方做好的通知书后,应认真审核该通知书是否符合有效递接的几个条件,如果符合条件,外勤应以代理身份予以接受和签署。

任务实施

一、明确通知书的概念

通知书是船舶到达装卸港后,船长向租家或其代理人发出的,关于本船已经到达装卸港,并在各方面已为装卸工作做好准备的书面通知。

通知书一般要载明船舶抵达合约中规定港口或靠妥指定泊位的准确日期和时间,说明该轮在各方面都已具备装卸条件,强调装卸时间的计算需按合约中有关条款办理,并且要写明通知书递交和接受的日期和时间。

船舶装卸时间的起算是以通知书的接受时间为重要依据的。通知书不仅有通知准备装卸的作用,更是航次租船运输中计算船舶装/卸货时间的起算依据,对船东和租家合理划分经济利益和责任具有重要意义。

二、审核通知书被有效递接的条件

通常,船舶在递交通知书之前,必须符合以下条件。

(一)船舶已抵达租船合同规定的地点

船舶是否已抵港,需根据租船合同的规定来判断。如果租船合同中规定船舶应到达指定的港口,可视为到达船舶,此为港口租约。如果租船合同规定船舶必须到达合同规定的或租家指定的泊位,才可视为到达船舶,此为泊位租约。

1. 港口租约

在港口租约(port charter party)下,船舶只要到达港内,不论是否能马上靠泊,都算是船舶抵达。因此,在港口租约下由于港口拥挤而待泊造成的时间损失风险基本都是由租家承担。但是,随着船舶越来越大,数量越来越多,许多港口越来越拥挤,有时船舶连港内也进不去,只能在港外待泊。船东为尽量避免时间损失风险,在与租家订立租约时往往会写入"WIPON(Whether In Port Or Not,无论进港与否)"条款,这样,船舶即使是在港外待泊也算作抵达。在实践中采用港口租约的情况较少,大多是泊位租约。

2. 泊位租约

在泊位租约(berth charter party)下,船舶必须到达指定的港内泊位才算是抵达。由于许多港口拥挤严重,许多船舶抵港时不能马上靠泊。为避免承担时间损失风险,船东在与租家订立租约时也会加入各种条款来转移时间损失风险。如在租约中写入"WIBON(Whether In Berth Or Not,无论靠泊与否)",则船舶进港后不论是否靠泊都算作抵达;"Berth reachable on her arrival,到达即可靠泊",则船舶抵港时,租家要指定一个可以马上靠挂的泊位,如果做不到,不论原因如何都算作租家违约,要赔偿船东延滞损失等。

(二)船舶已在各个方面具备装卸条件

船舶在各方面均已做好装卸货物的准备。此项要求主要指与装卸货物有关的方面。

在法律上,船舶已完成港口法律要求办理的海关、边防检查、卫生检疫等各项手续并取得相应证书。

在技术上,船舶的吊杆或吊车、起货机及其他装卸工具已处于随时供装卸货物使用的状态;船上的货舱应该通过验舱或熏蒸,适于装货或卸货。

在船舶适货方面,要保证以下几点。

1. 验舱合格

船舱检验简称验舱,是对承载出口商品的船舱进行检验,包括干货舱、油舱、冷藏舱(室)检验,目的是鉴定其是否符合运输契约规定要求,是否适宜拟装载商品。检验合格后出具验舱证书,作为承运人的履约证明或供有关方面进行货物交接以及处理货损事故的依据。验舱一般包括以下方面。

① 干货舱检验。对船舱的舱底、舱壁、舱顶、舱口框、护货板等固定设备进行检验,要求船舱清洁、干燥、无异味、无虫害,设备齐全,适于受载拟装的货物。如发现不正常情况时,应由船方清洁和改进。

② 油舱清洁检验。检验船舱的舱底、舱壁、舱顶等部位,不得有影响拟装油液的油污、锈渍和有毒有害物质,并符合清洁、干燥、无异味的要求;对于装运食用植物油的船舱,还必须进行食品卫生条件的检查。

③ 油舱密固检验。对油舱进行紧密性检验,通常采用水压、油压或气压试验,按照技术规程,施加一定程度压力后,检查船舱各衔接部位是否有渗漏现象。符合装载液体商品要求的方可装货。

④ 冷藏舱(室)检验。检查制冷机械的定期鉴定证书是否超过有效期;检测舱(室)的温度是否符合合约规定要求,冷冻效能是否稳定;检查舱顶、舱壁、舱盖、绝缘设备是否清洁卫生,有无特殊气味及有无漏水、漏气现象,绝热、通风及排气设备是否完善等。符合拟装货物要求的方可装载,以保证承载货物的卫生和安全。

⑤ 干货舱单项检验。对于装载特殊商品的船舱,可按申请人的要求进行特殊单项检

验。例如,对拟装钢材的船舱为使钢材不受氯离子侵蚀,可对舱底或舱内其他部位,以醮满蒸馏水的纱布染及粉尘后收集到试管,然后用硝酸银滴淀法,测定其氯离子含量。

验舱工作一般需凭申请办理,但对装运出口粮油食品、冷冻品等易腐食品的船舱,根据《中华人民共和国商检法》规定,由出入境检验检疫机构实施强制检验,检验不合格的,不准装载。除强制性验舱外,如果委托方、租方、船方等申请验舱,也要经商检验舱合格后方可视为具备装货条件。

2. 除鼠熏船

如果船长申请或卫生检疫部门发现鼠患并要求熏船,应在熏船结束并检验合格后,方可视为具备装货条件。

3. 货物熏蒸

如果进口卸货船舶需要对船上货物熏蒸,应在检验检疫局正式宣布熏蒸结束并适于卸货后,方可视为具备卸货条件。

4. 铺垫隔舱

船方负责的铺垫、隔舱基本就绪后,方可视为具备装货条件。

(三)递交时间在规定时间内

船舶抵港后,应在当地的办公时间内递交通知书。因此,星期天或法定节假日不能递交通知书。如果租船合同中明确规定了递交通知书的具体时间,则船方必须在合同规定的时间内递交。有的合同并未规定通知书递接的具体时间,而是在其中规定"办公时间内"或"当地办公时间内"。在我国港口,可根据港口当地的办公时间上午8点至12点,下午2点至6点办理通知书的递接手续。通知书的递交和接受时间应尽量保持一致。

在接到船长发来的通知书后,船代外勤应审核通知书是否符合上述三个条件。如果不符,外勤应提醒船长通知书的递交要求,直到符合要求,再重新递交通知书。

三、代理签署通知书

在国内实践中,船方递交通知书后,代理往往无法转给协议对方(找不到接受方或对方不肯接受签署),因此,船方常要求代理签署。在这种情况下,代理签署并不代表接受,只是证明船方试图通过代理递交的事实。代理一般可以用加批并明确地位的办法来解决。加批内容可以是"Notice of Readiness is to be tendered and accepted as per relevant agreement"或"Notice of Readiness tendered at ×××× hours on ×× ×× ×××× and shall be accepted as per relevant C/P, contract or agreement"。并在签名位置前加上表明地位的定语,如"As ship's agent"或"As agent for ×××"。

此外,还有一种容易被船方接受的做法,即不管协议是否存在,船方向代理递交通知书,代理根据实际情况判断,按照当地惯例以代理身份予以接受并签署。具体做法是通知书递交对象必须是代理而不是第三方,而代理接受时的身份是船舶港口代理。这样递接的通知书不会构成侵权,对第三方一般不具有约束力,但能当一份证明使用。

一般情况下船方往往需要代理准备通知书格式供其使用。代理准备这类格式时,要注意必须包括以下内容:递交对象、地点、日期、船名、抵达港口的名称和日期、检疫通过时间和日期、船舶已经备妥装/卸的货物名称和数量、通知书递交的时间和日期、通知书接受的时间和日期、船长签字和接受方名称及签字。上述内容应由船方填制,外勤应审核通知书的抬头(是否为本船代公司)、抵港时间、依据的合同、递交时间等内容是否准确,船长是否已签字盖章。审核无误后,外勤应使用中文名字签署通知书。

通知书一般一式多份(5 至 7 份),一般要交船方和委托方各 2 份,代理留 1 份,其余的交协议对方(如有)。

四、递交与接受通知书

(一)递接通知书过程中船舶代理的角色

船代外勤在处理通知书递接业务前,必须先明确自己的身份,这样才能正确处理递交行为,从而合理有效地维护有关当事人的利益。

① 如作为船东代理,外勤不应该是通知书的接受者,而只能是通知书的传递者或递交者。在船舶准备就绪后,外勤应立即将通知书递交到租家或其代理人手中,并请其签署接受。

② 如作为租家代理,外勤可以根据租船合同或租家的有关指示签署接受通知书。此时,应特别注意船舶是否抵达,船舶各方面是否真正做好准备,以及通知书递交的时间、方式等。

③ 如代表收发货人接受通知书,外勤应根据买卖合同或收发货人的有关指示签署接受通知书。此时,应注意买卖合同中对船期、交货期、装/卸率等方面的规定。

④ 如船代与港方签有滞期/速遣协议,外勤应代表港方接受通知书。

⑤ 如果船长和代理均未看到租船合同,也没有人指示船长或代理递接通知书,为了保险起见,外勤最好签署 RECEIVE(收到),不使用 ACCEPT(接受)字样。

(二)特殊情况的处理

① 如果船舶提前抵港但尚未到受载期,外勤应按照计划员的要求办理通知书的递接。

② 对于在同一港口卸货和装货的船舶,卸货通知书和装货通知书必须分别递接。如果在同一泊位进行卸货和装货,装货通知书要在卸货完毕,检验合格后才能递接。

③ 如果船长同意边卸边装,通知书应在货物卸完时递接,但对已开始装货的各舱所用时间要如实做好事实记录。

知识链接

航次租船标准合同——GENCON94 中关于通知书的规定

如通知书在中午 12 点之前(包括 12 点)递交,装卸时间从下午 1 时起算;如通知书在 12 点以后递交,装卸时间从下一个工作日上午 6 时起算。在装货港,通知书应递交给租船合同中规定的托运人。如未指定托运人,则递交给合同中的承租人或其代理。在卸货港,通知书应递交给收货人,如未知,则递交给承租人或其代理。

如船舶到达装/卸港而无泊位,则船舶有权在到达后在办公时间内递交通知书,无论检疫与否,无论清关与否,且如船长保证船舶在各方面均已备妥,如同船已靠泊并在各方面做好装/卸准备一样,装卸时间或滞期时间开始计算。从等泊位置移到装/卸泊位的时间不计入装卸时间。

如经检验发现船舶未准备就绪,从发现之时起至再次准备就绪的时间不得计入装卸时间。

第四节　装卸时间事实记录的缮制

任务导入

"超星"轮于 2018 年 3 月 18 日(周日)17:30 抵达天津港引航检疫锚地抛锚。3 月 19 日 8:30,外勤陪同检疫官和检验官抵达锚地,登轮进行船舶检疫;11:30 船长请你转交了通知书。"超星"轮待泊至 3 月 20 日 09:20,引航员登船后船舶起锚;11:20 船舶到天津南疆港区散货码头 15 号泊位;11:50 船靠妥泊位;14:00 开始卸货。至 3 月 22 日 9:30 卸货完毕,共计50 200 吨镍矿。其中,3 月 21 日 3:00 至 7:00 因浓雾停工。

请根据上述背景资料缮制一份装卸时间事实记录表。

任务分析

装卸时间事实记录表(laytime Statement Of Facts,SOF,以下简称时间表)详细记录了从船舶抵港至作业结束期间的有关船舶装卸的所有事实及其起始时间。它是计算船舶速遣、滞期时间的重要依据。

时间表通常由船代外勤缮制,由船长、租家或收/发货人或其代理人签字确认。要完成该任务,外勤需要掌握时间表的格式内容,熟悉缮制时间表的常用语和要求。

任务实施

一、明确时间表的内容

时间表(见图 3 - 15)是船舶在港装卸时间的详细记录,一般从船舶抵达引航锚地开始至货物装卸完毕为止,来源于船舶在港期间船代与船长等有关方核对的数据、时间和有关天气情况记录。其内容一般包括:船舶名称,货物名称、数量,以及船舶在港期间每日、每时发生的有关情况,如船舶抵港时间,通过检疫、验舱时间,递交和接受通知书的时间,等泊时间,引航员上船时间,起锚时间,靠泊时间,装卸开始时间,停工时间及原因,装/卸完毕时间,水尺公估时间等。

××× Agency Company limited

LAYTIME STATEMENT OF FACTS

××× (Date)

M. V. _____　Loading/Discharging _____　Metric tons of _____

| Mon/Date | Day | Time | | Descriptions |
		From	To	

Remarks：
1. Ship's G. R. T. _____
2. There are _____ hatches on board this ship.
3. Hatches worked in this port are No. _____ and _____ only.

Master：_____　　　　　　　　　　As Agent：_____

图 3－15　装卸时间事实记录表样本

二、熟悉缮制时间表的参考用语

时间表一般由船代外勤编制,在描述与装卸有关事实时,外勤经常用到一些英文短句,这些参考用语见船舶代理英语篇第三章第二节。

三、缮制时间表的方法

（一）熟悉租船合同的规定

缮制时间表时要实事求是,兼顾委托方的经济利益,注意不同合同的不同规定。例如,"作业期间的开舱盖""装货前的铺垫舱""允许两次移泊"等经常有特别规定的情况。

（二）详细记录,分清责任

① 在船长同意的情况下,时间表上记录的时间一般以 5 分钟为起点数,应逐日、逐时连贯记载,中间不得有空隙或省略。

② 在船舶抵达锚地检疫后的等泊过程中,如遇下雨、下雪、刮大风、大雾等不良天气,应同时注明"等泊"和"不良天气",以便按合约中的规定扣除或不扣除。等泊期间的坏天气应参照当地气象台的天气资料。

③ 在装卸作业过程中出现的坏天气,如大风、下雨、下雪、浓雾等造成停工,在时间表中必须注明"由于×××（坏天气）造成停工"。

④ 如果属船方原因造成装卸停工（如绞车故障、货灯熄灭、索具更换、船电中断等）,在时间表中必须注明"由于船方×××原因造成停工",以明确责任。

⑤ 移泊时间的记录。

A. 在移泊前,从停止装卸至等候移泊所占去的时间可并入移泊时间,应按照"移泊"或

"准备移泊"记录。

B. 如等候移泊时间较长,超过通常所需时间,属港方原因的情况,应按照"等候移泊"记录;属船方原因的情况,应按照"船舶准备移泊"记录;属潮水原因的情况,应按照"候潮移泊"记录。不能用"停工"或"等候装卸"等原因不明的方式记录。

C. 在移泊后,如果在正常时间内恢复装卸,应按照"准备开始装卸"或"准备恢复装卸"记录,不能记录为"等候装卸"。

D. 船舶在装卸过程中,因受潮水影响需要从泊位移开,然后又移回,不能记录为"移泊",应记录为"因潮水影响,作业中断"或记录为"因低潮,船舶脱离码头"及"船舶回靠码头"。

⑥ 根据船方申请,进行的困难作业及特殊平舱的时间应记录清楚。

⑦ 由于船舶设备问题造成工人伤亡或作业船舶被其他船舶碰撞等原因而使作业中断,应记录为"发生×××事故,作业中断"。

⑧ 在装卸完毕后,如果应有关方的要求,需要船舶到锚地熏蒸,可另做时间表,时间应该衔接起来。时间表应分"等候熏蒸""准备熏蒸""熏蒸""等候船员返船"等几个阶段。

⑨ 在装卸完毕后,如果因港口使费未结清或处理海事等原因不能及时开航,应在时间表中做好记录。

⑩ 如果船上装了多票货物,外勤可按有关方的要求,分不同发货人和不同货物分别缮制时间表。

(三)文字精练、统一、准确

时间表是船舶在港装卸时间的记录文件。它具体反映了船舶从抵港时起至装卸完毕为止的有关活动,是船东和租家之间计算装卸时间的重要依据。因此,缮制时间表要求文字精炼、统一、准确。

(四)及时核对,做好签署工作

时间表来源于船舶在港期间船代与船长等有关方核对的数据、时间和有关天气情况记录。因此,外勤应经常与码头装卸指导员、现场理货组长、船方核对,避免记录差错。与船方核对后,外勤应要求船方在记录草稿上签字,防止对方反复。

船舶装卸完毕,可先缮制正式文本的时间表,其中空出完工时间,待完工后填上实际完工时间,交船方共同签署。外勤与船方共同签署时,应注明 As agents only。

如果船租双方均未委托代理制作时间表,船方自行制作时间表,并坚持要求代理签署时,外勤应在核对无误后,签署时注明 As ship's port agent 或加上 As witness only 的批注。

(五)船方批注的处理

如果船长在签署时间表时对装卸时间记录有异议,为维护船方利益要求加批注。外勤应针对不同批注的性质与作用采取不同的处理方法。

1. 可接受的批注

下列一般性批注对结算时间无甚影响,可以考虑接受。

① "按租约规定办理"(Subject to all terms, conditions and exceptions as per C/P)。

② "仅为装卸时间记录"（For laytime record only）。

2. 不可接受的批注

下列一般性批注可能会给滞期/速遣结算产生一定影响，一般不予接受。

① "在抗议下签字"（Under protest）。

② "在争论中"（In dispute）。

③ "以船东同意为准"（Subject to owner's approval）。

其他有影响的批注必须与船方摆清情况，核对事实，据理力争取消批注。如争执不下，必须迅速向委托方请示，并取得委托方书面确认，或将当时实际情况另做详细记载，附于时间表上，以便划清责任。

四、缮制时间表

根据任务背景，缮制出的时间表如图 3 – 16 所示。

Tianjin Sunlight Agency Company limited

LAYTIME STATEMENT OF FACTS

Tianjin, 22 nd March, 2018

M. V. ___Super Star___ Discharging ___50200___ Metric tons of ___nickel ore in bulk___

Mon/Date	Day of Week	Time		Descriptions
		From	To	
3 / 18	Sun.		17:30	Vessel arrived at Xingang and anchored at the pilot and quarantine anchorage
		17:30	24:00	Waiting for quarantine inspection
3 / 19	Mon.	00:00	08:30	Waiting for quarantine inspection
		08:30	11:30	Quarantine inspection carried out and free pratique was granted Notice of Readiness was tendered and accepted
		11:30	24:00	Waiting for berth
3 / 20	Tue.	00:00	09:20	Waiting for berth
		09:20	11:20	Pilot on board Heaved up anchor and proceeding to the discharging berth
		11:20	11:50	Berth alongside the No. 15 berth of south port
		11:50	14:00	Prepare for discharging
		14:00	24:00	Discharging commenced and then continued
3 / 21	Wed.	00:00	03:00	Discharging continued
		03:00	07:00	Discharging suspended due to dense fog
		07:00	24:00	Discharging resumed and then continued
3 / 22	Thu.	00:00	09:30	Discharging continued and completed

图 3 – 16 时间表缮制示例

第五节　船方常见委办事项处理

任务导入

作为阳光船舶代理有限公司的外勤,你在首次登轮后,与船长确定了船方委托办理事项,包括:申办船舶吨税;排放压舱水;船舶加油、加水;船员遣返等。请你及时、妥善地办理各委托事项。

任务分析

船舶在港期间,除了进行装卸作业,还可能需要办理一些其他业务,如办理船舶吨税证书、船舶供应与维修、船员医疗与遣返、船长借支、船舶熏蒸、申请排放压舱水、代签提单等。对于船方所有的委办事项,外勤应在单船记录本上做好记录,并按照相关要求一一办理。要完成该工作任务,外勤需要熟悉船方常见的委办事项及处理办法,掌握相关的专业知识。

任务实施

情境案例

一、申办船舶吨税执照

吨税纳税义务发生时间为应税船舶进入港口的当日。应税船舶在吨税执照期满后尚未离开港口的,应当申领新的吨税执照,自上一次执照期满的次日起续缴吨税。

船代外勤在首次登轮时,必须和船长落实其是否持有有效的船舶吨税证书。如果船舶吨税证书过期或没有的,外勤需向海关递交申请办理吨税证书,申请书必须由船长签字盖章,办理吨税的有效天数(30 天或 90 天)必须由船长和委托方同时确认。对于经常或定期挂靠我国港口的船舶,外勤可建议船长选择按 90 天期缴纳吨税,既方便又经济;反之,则选择按 30 天期缴纳吨税。

外勤应在单船作业记录本上做好记录并在开船提醒事项栏目内做"送交船方新办吨税证书"的提醒。在船舶开航前,外勤应将吨税证书的正本交船方随船带走,复印件代理留底。如果船方持有有效船舶吨税证书,则应在单船作业记录本上记录其有效期限;如果证书到期时,船舶仍在港作业,外勤应及时提醒船方申请办理新的执照。

作为大陆对台政策之一,大陆对船方持有的由台湾当局签发的有效船舶吨税证书予以认可。期租船的船舶吨税证书一般由租家出钱购买,租期结束时执照仍然有效的,一般租家都要求代理替其收回。如租家与船东或下一租家达成协议,将有效证书继续留船使用,外勤可给予配合,帮助处理交接手续。

二、申请排放压舱水

压舱水(ballast water)是为了保持船舶平衡而专门注入的水,一般储存在船上专门的压载水舱中或一些特别加固的货舱中。压舱水是船舶安全航行的重要保证,特别是对于空载船舶。适量压舱水可保证船舶的螺旋桨吃水充分,将船舶尾波引发的船体震动降低到最低限度,并维持推进效率。它可通过调节船舶的重倾(重量分布)和水尺(吃水深度),使船舶符合当时的海洋条件,确保船舶在航运过程中的稳定和操作安全。

对空驶来港的船舶,海事局和引水为保证船舶具备足够的安全操作性能,同时也为防止船舶在进港前在沿海偷排压舱水,要求进港空船至少保有船舶载重吨位四分之一数量的压舱水。国际公约和港口法规对压舱水的排放都有明确的规定,排放以前必须分别向卫检和海事局申请,获批后才能排放。对有专用分隔压载水舱的船舶,压舱水一般相对比较干净,只要压舱水不是来自疫区,往往在取样检验合格后可以直接排海。对未获批准直接排放的,有的需要消毒处理后才可排海,有的则需要排放到岸上的污水处理设备中去。

如果船舶需要在港排放压舱水,外勤应通知船长填写一份申请书,格式不限,内容至少包括压舱水的数量、载入地点是否清洁、排放时间和地点等。外勤应及时将申请书送交海事局并做好记录。在船舶抵达锚地或靠码头前,外勤应核实海事局是否允许排放压舱水并将结果通知船方。如果船舶从疫区驶来,其压舱水如需排放,还应向卫检提交排放申请,由卫检进行消毒处理后才可排放。

三、安排船舶供应

所谓船舶供应就是给船舶供应所需的物资的统称。需要供应的物资包括:船舶燃油,润滑油,淡水;船舶备件配件,垫舱物料,船图海图,化工产品等;船舶主、副食品,烟酒饮料,生活用品等以及船员个人需要的各类商品。

船舶代理人在为船舶提供供应服务时,应区分是委托方对船舶提供供应还是船员个人需要提供供应服务。如果是委托方需要时,船舶代理人应得到委托方的书面委托,并索汇备用金后安排供应服务。如果是船员个人需要,则需要船员以现金支付款项。

常见的船舶供应服务项目包括以下几项。

(一) 船舶供油供水

船舶长期在海上航行,尤其是远洋船舶,一个航次的完成往往需要在挂靠港补充燃油、润滑油和淡水。一般船长会根据挂靠港以及船舶燃油、润滑油的剩余情况考虑是否加油。如果需要加油,则在船舶靠港前通知船舶管理公司,等待船舶管理公司的加油指示后,向船代发送加油需求。

船舶代理人接到船舶加油、加水书面委托后,应及时办理相关手续,并安排外勤在港口现场做好协调配合,工作程序如下。

① 如果获悉船舶需要加油,船代应事先向海关申报,申报的内容包括加油时间、地点,

加油船舶名称、国籍、航线,加油数量和种类。

② 根据船舶到港以及在港时间,与船长制订加油计划。根据船舶在港情况,可选择在泊位或锚地进行加油。

③ 根据船方要求,联系供油商,确定加油量以及加油时间。

④ 预估加油费用,并催促船方尽快打款。

⑤ 根据船方委托,联系供油方,确定加油量以及加油时间。

⑥ 向海事局申报供油作业申请,等待批复。从事供油作业的船舶,应在作业之前提前24 小时,直接或通过船代向海事局办理申报手续,经批准后,方可进行船舶供油作业,申报的内容应包括船舶供油作业申请书、受油船委托书或相关协议等;或者备案单位船舶应在作业之前提前 2 小时,直接或通过船代以传真形式向辖区海事处办理申报手续,申报内容包括供油船舶船名、供油地点、受油船舶船名、船舶识别号或国际海事组织编号、供油品种及数量、供油预计起始时间等情况。

⑦ 监控船舶加油,防止加油过程中出现原油泄漏等意外事故。

(二)船舶物料及伙食供应

由于船舶航行时间较长,因此需要开航前在港口储备足够的船舶物料以及到下一挂靠港之前所需的食品、烟酒饮料等。

船舶物料种类繁多,一般包括:黑白金属(各种型钢、钢板、无缝钢管、接缝钢管、镀锌钢管、优质炭素钢材、合金钢材等);有色金属(有色金属原材及合金、紫铜材、黄铜材、青铜材和铅、铝、锌材等);金属制品(各种阀门、管接头、螺栓、垫圈、开口销、焊接材料和其他金属制品等);化学品(各种化学原料、试剂、油漆、清洁剂等);电工材料;各种工具;仪器仪表;安全设备、劳保用品;垫料、橡胶及纤维品;各种杂品。

船舶食品包括主、副食品,烟,酒,饮料等。委托方会在船舶到港前委托船舶代理人采购船舶食品以及船舶物料。船舶代理人除关心供应方的合理报价外,还需注意商品质量和数量情况,做到价格和质量相符,并且要求和跟踪供应方按约定的时间交货,不耽误开船时间。安排船舶物料及伙食供应的一般工作程序如下。

① 收到委托方或船长的物料及伙食供应申请后,根据船方的采购计划,联系外供公司(船用物料、伙食供应商)。

② 根据船舶靠港计划,安排物料及伙食上船的供应时间。

③ 严格监控伙食的质量,伙食到港后核对伙食的数量。

④ 跟踪船舶物料及伙食供应时间,不得耽误船期。

(三)交付船舶备件

为保证船舶适航性和航行安全,船舶上需保持适当量的船舶的主要备件,包括船舶维修保养体系定期更换的主推进装置及辅助设备易损件,以及不可预料的备件消耗。船上适量的备件库存,可减少停航时间,但备件数量过多则会占用大量的资金和库存空间。在正常情况下,一艘远洋船舶备有大约 4 000 件价值 60 万美元的备件。

因此,根据船舶的航线挂靠计划,船东一般会委托船舶代理人将船舶所需备件送上船。对于船上备件,目前一般情况是船方自己订购。对于国内供应方,如果备件的供应方是本港口的单位,一般供应方自己送上船舶,船舶代理人做好协调和配合工作即可;如果备件的供应方是国内其他地区的单位,可通过邮寄的方式,由船舶代理人签收,代供应方送上船。对于国外的备件供应,船舶代理人需要在将到货的备件送上船舶前,办理备件保管手续,一般需要船方提供空运单、商业发票和装货清单。

从美国、日本来的备件,还需提供正本的非木质包装的证明。收到备件到货通知书后,船舶代理人应及时签收并送上船舶。

四、安排船舶修理

船代在接到船东、委托方或船长的书面修船通知后,安排船舶修理的一般工作程序如下。

① 外勤通知相关方技术人员登轮与船方洽谈修理项目及方案,审核船舶修理项目可行性。

② 外勤通知修理方进行项目检测和维修费用预测。如果船长采取非现金支付,外勤应将报价通知公司财务。

③ 船代通知委托方,得到委托方确认接受报价后,才能联系修理方实施修理。

④ 根据《中华人民共和国海洋环境保护法》,进港维修船舶需填写修理船舶污染物质报告书,由船代向海事当局的危管防污处进行申报。核准之前,船方不得擅自对船舶污染物质进行处理。

⑤ 如果船舶修理项目小或船长支付现金,只需船方同意即可安排供方进行修理;若危及船舶安全,必须进行抢修,外勤可边安排修理边与委托方联系。如果船舶进行的修理项目包括以下项目,根据《中华人民共和国对外国籍船舶管理规则》第二十条的规定,应向海事局申请批准:拆修锅炉、主机、锚机、舵机、电台;试航、试车;放艇(筏)进行救生演习;烧焊(进船厂修理的除外)或者在甲板上明火作业;悬挂彩灯。

在上述项目中,遇到较多的是明火作业、修理主机、修理锚机和舵机的情况。在开始上述作业和修理之前,船舶代理人代船方向海事局递交船舶修理事项申请书(见图3-17)经批准后方能进行。

船舶代理人应将海事局的批复结果及时通知委托方和船长。除专程来港修理的船舶外,在锚地修理主机、舵机、锚机或油轮、液化气等危险品船舶需在港进行明火作业,均需海事局特批。

⑥ 对于影响船舶动力和操作的修理,如修理主机、舵机,外勤应将预计修理时间告知港方,以方便船舶在港计划的安排。

⑦ 外勤应监督相关方的修理进展,并向船东、委托方、船长通报修理情况。

⑧ 修理完毕,外勤对修船过程做好记录。

船舶修理事项申请书
APPLICATION FORM FOR REPAIRING WORK ON BOARD

船名   国籍   船舶所有人
Ship's Name _____ Nationality _____ Ship's Owner _____
到港日期   预计离港日期   停泊位置
Date of Arrival _____ E. T. D _____ Berthed at _____

申请事项 Items of Application
作业部位(或设备) Part(or Equipment)to Be Worked
作业单位 Working Corporation
作业时间 Working Time:From___HRS. _____ Day _____ Month To _____ HRS. _____ Day _____ Month
备注 Note

此致
中华人民共和国上海港务监督
To Shanghai Harbor Superintendence Administration of P. R. C
 	
船长签字_____   轮机长签字_____
Captain of Signature _____   C/Eng's Signature _____
                日期_____
                Date _____

图3-17 船舶修理事项申请书

五、船员服务

(一)船员换班

① 接到委托方的船员换班申请(见图3-18)后,根据船舶在港停靠时间,判断能否接受在该港办理船员换班委托。如果船舶来该港进行加油、加水、供应备件等非装卸作业时,停靠该港的时间较短。由于船员在换班时需要就船舶的运行特点、操作程序等工作进行细致的交接,尤其是高级船员(船长、轮机长等),所以一般需要一定的工作交接时间。若船舶停靠时间较短,换员时间紧张,工作交接不充分,可能对船舶的安全航行造成隐患,该种情况不宜更换船员。

呈　　　　　边防检查站　　　　　　　　　　　日期：　　年　　月　　日
TO:　　　　　　　　　　　　　　　　　　　　　DATE:

船员换班申请
APPLICATION FOR CREW CHANGING

□上船(ON‐SIGN)
□下船(OFF‐SIGN)

亲爱的先生们，
DEAR SIRS,

　　我们非常荣幸地通告您：我船共有_____名船员将在贵港换班(上船/下船)，他们均持有有关当局所签发之合法/有效证件，细节如下。

WE ARE PLEASED TO ADVISE YOU THAT THERE ARE _____ CREW MEMBERS WILL SIGN(ON/OFF) MY VESSEL,AND ALL OF THEM HOLD LEGAL/VALID IDETIFICATION CERTIFICATE.

序号 NO.	姓名 NAME	国籍 NATIONALITY	职务 RANK	海员证/护照号码 SEAMAN'S BOOK NUMBER	出生日期 DATE OF BIRTH

　　我们确认(接受/遣返)上述持有相关手续的船员。

WE HEREBY CONFIRM TO (EMBARK/DISEMBARK) THE CREW MEMBERS WITH CONCERNED LICENCES.

　　特此恳请贵站在我轮停泊天津期间能够为他们办理相应手续为盼。

KINDLY PLEASE GRANT PERMISSION TO ALLOW THEM(EMBARK/DISEMBARK) AND CLEAR THE CONCERNED FORMALITIES DURING MY VESSEL STAY IN TIANJIN.

　　此致
REGARDS,

MASTER OF M/V SUPER STAR

图3-18　船员换班申请

　　若船舶停靠时间较短，委托方由于某种原因坚持要办理船员换班时。船舶代理人可根据船舶在锚地等泊时间的长短，派遣机动艇前往船舶等泊地点接送换班船员，船员在交接过程中，机动艇除基本费用外还需支付等待费用。

　　② 接受委托方的申请后，向委托方索要换班船员资料或复印件(以便向海关申报)，核查上、下船船员证书有效性。

　　船员资料包括船员信息和证书。船员信息包括船员姓名、国籍、职务；船员证书包括船员的海员证、护照、适任证书和健康证等，即将上船船员需保证船员证书均在有效期内(实际操作中有效期需保持6个月以上)才可上船换班；下船船员证书若已过期，需协助船公司根据海关规定办理完相关延期惩罚手续后，才可下船。

　　③ 根据船舶到港时间及在港停靠时间，掌握上船换班船员抵达港口时间以及交通工具，询问是否需要接站及安排住宿，及时跟踪换班船员动态。

　　④ 发送船员邀请函。若船员前往远洋轮工作需持有该国海事局签发的出境证明。出

境证明需要船东的邀请函。由于出境证明具有一个月的时效性，船代需及时给船员管理公司发送邀请函，船员管理公司凭借该邀请函办理船员的出境证明，船员持出境证明登轮工作。

⑤ 根据委托方的换班请求，估算船舶换班费用，发送邮件并索汇。在接受船员接班和遣返委托时，必须明确船员接班和遣返的费用由谁承担。一般情况下，船员接班和遣返的费用都是由船东承担的。在船东不是委托方的情况下，必须向委托方索汇有关费用，收齐有关的票据后，单独制成账单寄给委托方。

船员换班费用包括代理费用、船员换班费用（按人次计费）、陆上交通费、机动艇费用、通信费、办理签证费用。

⑥ 跟踪换班船员动态。根据船期，紧密跟踪换班船员来港动态。船员到港后，及时协助船员向边检机构递交资料并办理登轮手续。

⑦ 安排船员上、下船。外勤应掌握船员接班的总体安排，及时告知船长，船长通知下船船员提前做工作交接准备，以免耽误换班的正常进行，严重的将影响船舶船期。

⑧ 安排下船船员行程。根据委托方的请求，安排下船换班人员的行程。根据下船船员离港时间，订购回程机票；根据下船船员要求，可安排住宿。

⑨ 委办的船员接班事项完成后，外勤应及时向船东汇报办理情况和安排结果。

（二）船员遣返

船员享有在受雇用期间或在受雇用期满时享有被送回本国或其受雇用的港口、船舶开航的港口的权利。船舶代理人为船员办理遣返的工作流程如下。

① 接受船员遣返委托。委托人可以是船东、船员或船舶经营人。一般船员遣返的情况发生于下列几种原因。

A. 船员的劳动合同终止或者依法解除。

B. 船员不具备履行船上岗位职责能力。

C. 船舶灭失。

D. 未经船员同意，船舶驶往战区、疫区的。

E. 由于破产、变卖船舶、改变船舶登记或者其他原因，船员用人单位、船舶所有人不能继续履行对船员的法定或约定义务的。

② 索要遣返船员有关信息。有关信息除包括船员基本信息和船员证件外，还需明确船员遣返地区、国家及遣返日期，遣返船员机票订购要求和其他要求等。船员遣返的地区包括：船员的居住地、户籍所在地或船籍登记国，船员与船员用人单位或船舶所有人约定的地点。

③ 估算船员遣返费用，发送邮件并索汇。船员遣返费用主要包括差旅费、行李托运费、食宿费以及相关的其他费用。通常情况下，通过合适而快速的工具安排船员遣返应是船东的责任，一般的运送方式应为空运。相应的船员遣返费用也应由船东负担。船东不得在船员开始受雇时要求其预付遣返费用，也不得从船员的工资或其他权利中收取遣返费用；但是如果船员根据本国法律、法规或集体协议被视为严重失职并因此被遣返，则船东保留向该船员收取遣返费用或部分遣返费用的权利。

④ 办理遣返船员的签证。签证是一个国家主管机关在外国公民所持有的护照上签注、

盖章,表示准其出入本国关境。签证根据出入境情况可分为出境签证、入境签证、入出境签证、出入境签证和过境签证。按照国际惯例,如无特殊限制,一国公民只要持有有效护照、前往国入境签证或联程机票,途经国家均应发给过境签证。对取道办理签证国家或口岸签证国家,则需持有前往国邀请函或口岸签证批准证件,方可申请该国的过境签证。去互免签国家,不必签证。海员证可作为身份证明的有效文件。

⑤ 索要遣返船员资料,前往海事局办理船员下船手续。

⑥ 安排船员遣返行程。

⑦ 委办的船员遣返事项完成后,船舶代理人应及时向船东汇报办理情况和安排结果。

(三)船员登陆

《中华人民共和国出入境边防检查条例》第十条规定,抵达中华人民共和国口岸的船舶的外国籍船员及其随行家属和香港、澳门、台湾船员及其随行家属,要求在港口城市登陆、住宿的,应当由船长或其代理人向边防检查站申请办理登陆、住宿手续。经批准登陆、住宿的船员及其随行家属,必须按照规定的时间返回船舶。登陆后有违法行为,尚未构成犯罪的,责令立即返回船舶,并不得再次登陆。

船舶抵港后,如有船员需登陆和住宿的,船舶代理人应协助船方向边防检查站申请办理登陆、住宿手续。如果船方有安排交通工具等其他要求的,船舶代理人视其合理性和落实费用后应尽可能的满足。船舶代理人申办船员登陆证的相关材料如下。

① 船方提出并填写的船员登陆申请表。

② 船员护照或海员证。

③ 台湾船员需提供台湾居民来往大陆通行证或能证明其台湾船员身份的其他证件,由船方提出并填写的船员登陆申请表。

④ 边检站认为办理船员登陆证需提供的其他材料。

(四)船员家属探亲

1. 办理登轮许可证

船舶抵港后,若船员家属欲上船探亲,需由船舶代理人带领船员家属及携带其相关证件到边防检查机关办理登轮许可证(见图 3 - 19)后,方可上船探亲。

登轮许可证			注意事项
临时/长期	NO.		1. 持证人员应自觉接受边防检查人员的查验和管理。
姓名		照片	2. 如果登轮许可证未贴照片,应与本人身份证件同时使用。
职务			3. 持证人应严格遵守登外轮人员守则,严守国际机密,遵守涉外纪律,自觉维护国家声誉和民族尊严。
性别			
出生日期			4. 上下外轮时,不得携带违禁物品,工作完毕后应立即离船。
单位			5. 此证不得毁坏、涂改或转借他人,如有遗失应立即向发证机关报告。
所登船舶			
有效期	自 至		6. 此证到期或不再登轮时,应交回发证机关。
签发机关(盖章) 签发日期　年　月　日			

图 3 - 19　登轮许可证

办理登轮许可证所需的材料如下。

① 登轮许可证申请函。

② 申请人有效身份证或驾驶证原件、复印件。

③ 首次申请时需提供所在单位或用人单位的审查材料,再次申请时凭上次签发的登轮许可证可免交审查材料。

④ 本地接待单位或派出单位出具的介绍信。

⑤ 船员家属登轮需提供船方申请及亲属关系证明。

⑥ 边检站认为办理登轮许可证需提供的其他材料。

2. 应用案例

登轮许可证分为临时登轮许可证和长期登轮许可证。船员家属一般办理的是临时登轮许可证。但在2012年,上海港首例船员家属长期登轮许可证申请获批。

外高桥边检站为巴拿马籍"海一"轮船员家属杜女士签发了长期有效登轮许可证,在证件有效期内,她可在全国任何一个对外开放港口(港区)登轮会亲,并随丈夫工作的船舶在国内港口间移泊。这是公安部12项便民服务举措推出后,上海边检机关首次签发此类证件。

根据公安部最新规定,2012年起,中国籍船员家属或登轮作业人员在向外国籍或港澳籍船舶停靠的港口边检机关申领登轮许可证后,在证件有效期内,船员家属可持该证在全国任何一个对外开放港口(港区)登该船员服务船舶会亲,并随该船舶在国内港口间移泊。

杜女士的丈夫林先生在巴拿马籍"海一"轮上工作,该轮常年航行于国际航线,回国时间往往较短,且需要在国内各港口间往来。每次林先生回国,杜女士都不得不提前赶赴"海一"轮靠泊港口办理登轮许可证,以便登轮和丈夫团聚。

如果丈夫工作的船舶开往国内其他港口,她想在国内再见丈夫一面的话,需申办随船工作证,或下船后前往国内下一港再办证登轮,费时费力。外高桥边检站民警介绍说,过去边检机关签发的船员家属登轮许可证只能使用一个航次,也就是说船员每出入境一次,船员家属就需要重新办理。而此次根据公安部 12 项便民措施签发的新的长期登轮许可证则没有航次限制,只要在有效期内即可使用。

(五) 船员就医

1. 处理办法

如果发现船员需要就医的,外勤应先了解船员是否有下列疑似传染病症状。

① 有无高热或连续数日发热或发热并伴有淋巴腺肿的病例。

② 有无腹泻或腹泻伴有虚脱症状的病例。

③ 有无黄疸并伴有发热的病例。

④ 有无急性皮疹或皮疹并发热或不发热的病例。

如果有上述病例和症状的,应及时通知卫检,在未经过检疫官的同意,不得擅自将船员接下船就医。如果没有上述病例和症状的,外勤应请船长出具就医申请。外勤按约定时间带患病船员前往医院进行治疗,及时安排就医。在就医结束后,外勤应将医生诊断书交船方。如遇特殊病情,船员需要驻留医院治疗的,船舶代理人在征得船长或委托方的同意后方可办理,并通知财务,落实相关费用。

如果船上有急需治疗的船员或船舶抵港的目的就是将生病的船员或其他人员送上岸进行医疗急救时,船舶代理人必须寻求各检查机关的合作,使急需治疗的人员在船舶抵港后能够立即得到治疗,也就是先安排急需治疗的人员下船,然后再办理有关手续。如果船舶到达引航锚地因气候的原因或其他原因使船舶不能进港时,船舶代理人视情况还需安排交通工具到引航锚地接急需治疗的人员。

如船员伤势较重、情况危急,船舶代理人在接到委托方的书面或口头委托后,可替其支付医疗费用,但此情况一般建立在船东较好的信誉之上。

2. 应用案例

2011 年 12 月,一艘名为"和谐号"(化名)的船舶在宁波舟山港外锚地嵊泗县绿华山港区等待港口指令进行靠泊作业。当船舶在锚地等泊的过程中,船上一名船员在处理船上垃圾的时候,垃圾吊突然故障倾斜,倾斜的吊具横梁将该名船员左手砸伤,导致左手无名指从根部断裂。

事故发生后,船长第一时间联系船东和宁波舟山港船舶代理请求救助。船东当即表示救人第一,请船舶代理尽快提供救援。由于船舶所在位置距离港口泊位还有 80 余海里,无论是船舶继续向泊位航行还是港口派船艇前来接送伤者,均需浪费大量的时间,极有可能错过最佳的治疗时机。同时,宁波舟山港船代根据伤者情况联系当地医院,当地医院表示伤者伤患处较为严重,应送往上海大型医院进行救治。船东立即委托上海港某一船舶代理机构处理该事故。上海某船舶代理机构接到委托后,迅速联系海事局,申请派遣直升机前往该轮接送受伤船员,同时,该船舶代理第一时间联系相关医院,准备好救助医疗设备和方案。

由于上海船舶代理机构的及时响应,该名船员于事发后一个小时之内即被送往了医院进行治疗,没有造成更严重的伤势。

(六) 船员死亡

① 获悉船员死亡后,外勤应及时将船名以及死亡船员的姓名、性别、年龄、国籍、死亡原

因等报告委托方。

② 外勤应向卫生检疫、边防公安等口岸当局报告有关情况,并由上述机构安排法医,出具死亡证明书等。

③ 根据委托方要求,充分考虑和尊重各国风俗习惯,根据有关当局的决定,安排尸体火化或将尸体运回。

六、转送船长借支

船方借支是在船舶抵港后,船长通过代理借支并发放给船员使用的外币或当地货币。如果借支的是当地货币,开船前船员往往会将剩余的当地货币退还船长,船长再退还代理。差额部分就是船长借支的数额,代理通过船舶港口使费账与船东结算,船东再按船员个人实际借支额与船员结算。外勤把借支款项交给船长之前,应填好借据,样式如图 3 - 20 所示。在交给船方后,由船长或其授权人签字并加盖船章。

RECEIPT OF CASH ADVANCE

Tianjin ,20th March ,2018

This is to certify that , I , the undersigned master , received cash advance from my ship's agent of the Sunlight Agency Tianjin Co. , Ltd. in a total amount of USD 85 ,000 which in words : Eighty Five Thousand Dollars of the United States of America. Please debit it to my ship's account.

Master : ＿＿＿＿＿＿＿

of M. V. Super Star

Signature and Ship's Stamp

图 3 -20 借据样式

七、安排船、货熏蒸作业

一些老旧船舶因卫生状况太差,鼠虫害严重,卫生检疫机构可能下令对船舶进行熏蒸或除鼠除虫作业。一旦需要对船舶进行熏蒸,往往会发生较高数额的费用,包括专业熏蒸队的人工费和药费,船员离船上岸的住宿和伙食费,船员离船、换班和返船的交通(拖轮)费,安全值班用的监护拖轮费等。因此必须尽快与委托方或船东联系落实使费备用金。

船舶在锚地熏蒸时,为确保港口和船舶安全,海事局一般会要求留一定数量的船员在船值班监护。外勤应配合熏蒸队向留守值班的船员进行安全措施的培训和说明,防止出现人员中毒事故。

熏蒸结束后要进行规定时间的散毒,散毒期间禁止人员上下船。此后,外勤再上船时仍需保持警惕,注意个人防护。熏蒸结束后,外勤应及时将熏蒸证书交给船方并寄送给委托方。

船舶载运进出口粮食、木材等货物时,有时需要在船舶靠泊前或离港前,在船上对货物进行熏蒸。这类熏蒸一般由货主安排并支付相关费用。这种情况下,往往需要得到船方的同意和配合,外勤应积极配合货主做好船方工作,包括思想工作和各种解释说明工作,必要时还需要由货主给船员一定的经济补偿。

八、安排船舶及相关项目检验

(一)船舶证书年检或更新

① 如果船方申请办理船舶证书年检或更新,外勤应请船长填写一式两份的委托书,注明检验项目,并将委托书转交给计划员。

② 外勤应随时注意检验的实施情况,在检验完毕后,船舶开航前将有关证书送交船上。

③ 船方申请卫生证书、除鼠证书或免于除鼠证书的更新时,外勤应及时通知卫检登轮办理。

(二)货物检验

船代外勤应根据船舶装卸货物的种类,及时提醒船长安排各类检验,主要包括货舱适装检验(验舱)、货舱货物卸尽检验(油轮干舱检验)、船舶水尺公估(计量)、货舱密封性能检验(水密检验)、货损检验(验残)、货物品质检验、船损检验、船舶适航检验、船用设备检验(包括临时和定期)、货物重量检验和尺码丈量等。船方负担费用的检验应取得船方书面申请,检验证书要及时送交船方或委托方。

(三)水尺公估

对于散装船舶,在装卸货之前一般需要水尺公估。水尺公估一般是在船舶装卸货开始之前和结束以后分两次进行。外勤应通知公估人员及时登轮进行公估,并在单船记录本上记录好公估时间和公估数字。

九、期租船的交/还船和停/起租

(一)期租船的交船与还船

船代外勤在接到船东/租家关于办理期租船交船/还船的书面要求后,应了解船东/租家对存油水量测量、船舶状况检验的要求,明确租家/船东的全称和交/还船的时间、地点。

根据船东/租家的要求,船代外勤应以书面形式向船舶检验机构提出有关的检验或测量申请,并及时与检验机构联系,保证检验或测量的按时进行。在检验或测量结束后,外勤应取回检验或测量报告,并根据检验或测量报告缮制期租船交船证书。

期租船交船证书样式如图3-21所示。

Dalian, 20th April, 2018

DELIVERY CERTIFICATE

This is to certify that M. V. Eagle flying Cyprus flag was delivered to the Charterers, Messrs. Hugo Lee Trading House Ltd., Hong Kong by the Owners, Messrs. John Smith Shipping Co., Ltd. London at 16:30 hours (local time) on 20th April, 2018 at the Port of Dalian, China.

At the time of delivery, there were on board:

320 metric tons of fuel oil,

20 metric tons of diesel oil,

All other terms, conditions and exceptions as per the charter party dated 30th March, 2018.

For and on behalf of the Owners: For and on behalf of the Charterers:

Master:_____   As agent:_____

M. V. Eagle   Cosmos Agencies Dalian Co., Ltd.

图 3-21　期租船交船证书样式

期租船还船证书样式如图 3-22 所示。

Dalian, 20th April, 2018

REDELIVERY CERTIFICATE

This is to certify that M. V. Eagle flying Cyprus flag was redelivered to the Owners, Messrs. John Smith Shipping Co., Ltd. London by the Charterers, Messrs. Hugo Lee Trading House Ltd. Hong Kong at 16:30 hours (local DOP time) on 20th April, 2018 at the port of Dalian, China.

At the time of redelivery, there were on board:

650 metric tons of fuel oil,

70 metric tons of diesel oil,

All other terms, conditions and exceptions as per the charter party dated 30th March, 2018.

For and on behalf of the Charterers: For and on behalf of the Owners:

As agent:_____   Master:_____

Cosmos Agencies Dalian Co., Ltd.   M. V. Eagle

图 3-22　期租船还船证书样式

（二）期租船的停租与起租

租约规定,凡是在租期内,由于船东没有履行租约的规定,或者船舶受到非租方的责任所造成的损坏,致使船舶不能继续为租家进行正常服务,均属于停租条款的范围,可计算停租时间。

停租以后,当船舶又重新处于有效状态,并重新提供服务,从起用开始,记录开始时间。

发生停/起租事件,都需要制作停/起租证书。如委托方申请,外勤应按检验部门出具的检验证书或船长提供的油水数据缮制停租证书或起租证书。停/起租证书内容主要包括停止和起用的时间、地点、原因和存油量。停/起租证书要由船长和代理共同签字。

停租证书样式如图 3 - 23 所示。

Dalian,15th April,2018

OFF-HIRE CERTIFICATE

This is to certify that M. V. Eagle flying Greek flag went off-hire as from 15:00 hours (local time) on the date of 15th April,2018 in the Port of Dalian,China.

At the time of going off-hire,there were on board:

700 metric tons of fuel oil,

120 metric tons of diesel oil,and

200 metric tons of fresh water.

All other terms,conditions and exceptions as per the charter party dated 20th March,2018.

For and on behalf of Owners　　　　　For and on behalf of Charterers

Master:＿＿＿＿＿＿＿　　　　　　　As agent:＿＿＿＿＿＿＿

M. V. Eagle　　　　　　　　　　　Cosmos Agencies Dalian Co. ,Ltd.

图 3 - 23　停租证书样式

起租(复租)证书样式如图 3 - 24 所示。

十、买卖船的交接

在买卖双方基本确定交/接日期、地点后,外勤应按照总公司规定格式准备船舶交/接证书,并安排好船员遣返工作,在约定的地点由买卖双方代表签署船舶交/接证书。在船签署交/接证书的一般还需要安排升、降旗仪式,需提前做好安排。外勤应留一份交/接证书副本存放在单船档案中。

买卖船交接证书样式如图 3 - 25 所示。

Dalian, 20th April, 2018

ON-HIRE CERTIFICATE

This is to certify that the M. V. Eagle flying Greek flag went on-hire as from 15:00 hours (local time) on the date of 20th April, 2018 in the Port of Dalian, China.

At the time of going on-hire, there were on board:

700 metric tons of fuel oil,

100 metric tons of diesel oil, and

100 metric tons of fresh water.

All other terms, conditions and exceptions as per the charter party dated 20th March, 2018.

For and on behalf of Owners   For and on behalf of Charterers

Master: _____   As agent: _____

M. V. Eagle   Cosmos Agencies Dalian Co., Ltd.

图 3-24　起租(复租)证书样式

Dalian, 20th April, 2018

CERTIFICATE OF DELIVERY AND ACCEPTANCE

This serves to certify that Oriental Ship Holding Co., Ltd. Soul as Sellers, represented by Master of M. V. Eagle, agrees to deliver and China Merchant Navigation Co., Ltd. Hong Kong as Buyers, represented by Mr. Dong, the managing director of the company, agree to accept the delivery of the M. V. Eagle of 62,250 gross tons and 42,350 net tons registered, in the port of Dalian at 10:30 hours (local time) on the date of 20th April, 2018 as per the purchase agreement dated 20th March, 2018 in London.

It is hereby further confirmed that at the time delivery and acceptance, there were remaining on board:

200 metric tons of fuel oil,

150 metric tons of diesel oil, 1 piece of spare bronze propeller.

For and on behalf of Sellers   For and on behalf of Buyers

Master: _____   Mr. Dong Yuanhua

M. V. Eagle

图 3-25　买卖船交接证书样式

十一、海损事故现场处理

海损事故主要包括:触礁、触岸或搁浅;碰撞或浪损;失火或爆炸;遭遇自然灾害;沉没或失踪;造成水上、水下建筑物或设备的损害;影响船舶适航性的机件、重要属具的损坏或灭失;由于船舶设备不良或船方过失造成人员伤亡及其他事故等。

船舶发生海损事故往往会涉及人员生命和财产的救助。此时,船方通常需要外勤到现场进行协调处理。外勤在协调处理上述情况时,应配合公司专职海事处理人员或独立开展相关工作,详细了解事实经过并争取取得双方对事实经过描述的书面材料,协助双方取证,尽快报告上级领导并通知委托方,建议船方尽快安排损坏检验并采取适当措施防止损害的扩大,根据委托方或船方的申请通知相关的保险人或其代表机构。在协调处理事故时,外勤应站在公正的立场上,尽量掌握第一手材料,认真听取双方陈述,开始阶段不要轻易表态,努力说服双方不要采取情绪化的现场争论,建议双方以收集证据为主要工作方向,将判定责任的工作留给专业人士去做。如有人员伤亡,应首先安排抢救伤员,发生死亡事故的要及时报告上级领导和相关单位(公安局和卫检)。如果船舶受损的情况较严重,影响到船舶适航性时,外勤要及时报告海事局并安排修理,修理后要安排船检进行修复检验。

如果船舶发生海损事故,船长通常需要写海事声明(见图3-26)和海事事故报告,并通

Sea Protest

Port:

Date:

To:(1)Port Authority,or

(2) Chinese Diplomatic Representative,or

(3) Notary Public:

Name of Vessel:_____　　　　Tonnage of Cargo:_____

Gross Tonnage:_____　　　　Sailed from _____ to _____

Port of Registry:_____　　　　Bound for _____

Shipowner:_____　　Calling on route at _____

Kind of Cargo:_____

And arrived at _____ on _____

In view of the following:

_____

_____

_____

And fearing loss or damage,I hereby note my protest against all losses,damages,etc. ,reserving the right to extend same at time and place convenient.

Witnesses on board:

_____(name and rank)

_____(name and rank)

_____(name and rank)

Master of (name of vessel) _____

Enclosures:Abstracts of deck logbook

图3-26　某船公司海事声明范本

过船代递交到当地海事局。船代外勤应注意这两份文件的区别(见表3-1)和递交要求,提醒船方附上航海日志摘抄等文件,并在船舶抵港24小时内将海事声明转交海事局。遇到特殊情况,如因大风、大雨、大雾等恶劣天气而无法按时递交海事声明和海事事故报告时,外勤应先电话通知海事局,取得超时限递交的许可,并做好记录。

表3-1 海事声明与海事事故报告比较

比较项目	海事声明 Note of Sea Protest	海事事故报告 Report on Marine Casualty
定义	船舶在锚泊、停泊或航行时,遭遇到不可控制的情况,估计可能发生损坏或损失难以避免,但实情不详,为维护船舶利益,船方向有关方提出保留索赔权力或免除责任的书面声明	船舶在锚泊、停泊和航行中,由于事故引起的损害情况业已明确,其对船、货等损失是无疑真实的,为了说明事故发生过程及责任情况向有关当局提出的报告
递交情况	下列情况一般应递交海事声明: 1. 遇八级或八级以上风浪,可能造成船舶、货物损坏时; 2. 因风浪摇摆剧烈,货物倒塌、移位,有可能造成货损时; 3. 共同海损事故	下列情况造成的人员伤亡、船货受损应向有关方递交海事事故报告: 1. 触礁、搁浅; 2. 碰撞、触碰或浪损; 3. 火灾或爆炸; 4. 沉没; 5. 油污事故; 6. 其他海损事故
递交时间	1. 在港区水域内发生海上交通事故,必须在事故发生后24小时内提交; 2. 在港区水域外发生海上交通事故,必须在到达第一港后48小时内提交	参见海事声明
主要内容	1. 本船资料(船名、总吨、净吨、建造日期、船籍港等); 2. 本航次遭遇情况及海上气象; 3. 对可能发生的损坏声明保留索赔或免责的权力; 4. 要求在适当时机和地点予以延伸	1. 本船资料(船名、总吨、净吨、建造日期、船籍港等); 2. 发生事故的时间、地点、当事人双方概况; 3. 损失情况; 4. 原因及责任归属,对方的缺点和错误
效用	船方递交的海事声明仅是单方面的事实记录,但已经签证的海事声明以及经检验师对具体损坏项目的检验报告,可作为索赔或免责的有效证明文件	可作为向责任方索赔的文件
由谁签证	1. 国内港口,交港口港务监督签证; 2. 国外港口,可按当地习惯向到达第一港船旗使领馆签证或通过代理交当地港口当局签证或通过代理交当地港口公证人签证	参照海事声明
附件	航海日志摘要、车钟记录簿	航海日志摘要、车钟记录簿、事故动态图、受损部位简图等材料
其他	根据主管机关的需要	根据主管机关的需要

知识链接

链接一　船舶船员职务组成及其工作主要内容

远洋船舶一般都在万吨级以上,全船的人员一般定员19~24人。船员分为高级船员和普通船员。其中高级船员分为管理级和操作级,普通船员又称支持级。

一、管理级

① 船长,是船舶领导人,负责船舶安全运输生产和行政管理工作,对公司经理负责。其主要工作包括:领导全体船员贯彻国家的方针政策、法令法规和公司下达的各项指示和规定;优质全面地完成运输生产和其他任务,最大程度地保障船舶和生命财产的安全以及发挥船舶正常航海和运货;严守国际公约和地区性规定,承担应尽的国际义务;遇到应急情况时果断而稳妥地处理各项事务。

② 大副,主持甲板日常工作,协助船长做好安全生产和船舶航行,担任航行值班;主管货物装卸、运输和甲板部的保养工作;负责制订并组织实施甲板部各项工作计划;负责编制货物积载计划、维护保养计划;主持安全月活动和相关安全工作。

③ 轮机长,是全船机械、电力、电气设备的技术总负责人。全面负责轮机部的生产和行政管理工作;检查轮机部各项规章制度的执行以使各种设备保持良好的技术状态。

④ 大管轮,在轮机长的领导下,参加机舱值班,维护机舱正常的工作秩序;主管推进装置及附加设备、锅炉以及润滑冷却、燃油、起动空气、超重动力和应急装置的使用和维护工作。

二、操作级

① 二副,履行航行和停泊所规定的值班职责;主管驾驶设备,包括航海仪器和操舵仪等的正确使用和日常维护;负责航海图书资料,通告及日常管理和更正工作,以及各种记录的登录。

② 三副,履行航行和停泊所规定的值班职责;主管救生、消防设备的日常管理和维护工作。

③ 二管轮,履行值班职责;主管辅机及其附属系统、应急发电系统与燃油柜、驳运泵、分油机、空压机、油水分离设备和污油柜的使用和维护工作。

④ 三管轮,履行值班职责;主管副锅炉及其附属系统、各种水泵、甲板机械、应急设备和各种管系的使用和维护工作。

3. 支持级

① 水手长,在大副领导下,具体负责木匠和水手工作;做好锚、缆、装卸设备的养护维修工作;带领水手做好油漆、帆缆、高空、舷外、起重、操舵及其他船艺工作。

② 木匠,执行木工及有关航次维修和保养工作;负责起锚机的操作和保养工作;负责淡

水舱、压载舱及植物油舱的测量及维护工作。

③一水,执行操舵、航行值班职责和日常甲板部维护保养工作。

④二水,执行带缆、收放舷梯和甲板部各种工艺工作。根据船舶的不同吨位,一般配置 1～3 名二水。

⑤机工,在轮机长的领导下,执行机炉舱和机械设备的检修、保养工作。大型船舶还会配置 1～2 名二机辅助机工进行船舶机舱设备的检查和保养工作。

⑥服务员(俗称大台),负责生活场所卫生、生活用品保养以及接待工作。

⑦厨师,负责船员的伙食工作。

链接二　船舶维修项目

船舶修理的目的是使由于正常或不正常原因引起的磨损通过修理、更换已经磨损的零件、附属设备,使设备的精度、工作性能、生产效率得以恢复,从而使船舶处于良好的试航状态。船舶维修的类别以及内容如下。

一、坞修

坞修是指在船坞内对水线以下船体结构、推进装置以及浮于水面时不能施工的其他构件或设备所进行的修理工作。船舶坞修是一项很重要的工作,它不同于船员的日常维修保养,也不同于针对性的航次专项修理,而是与其密切相关的一项综合性系统工程。优质、高效的坞修,是船舶正常运营和安全管理的重要保证。坞修检验结合期间检验或特别检验,也是船舶保持船级的必要程序。

轮机坞修工程主要是船舶推进装置、舵和水线下的船舷阀件等的检修。具体项目包括:海底阀箱的检查与修理;海底阀的检查与修理;螺旋桨的检查与修理;螺旋桨轴及轴承的检查与修理;舵系的检查和修理。

对具有中国船级社(CCS)船级的船舶为了保持船级还应按照《钢质海船入级与建造规范》要求定期进行坞内检验、螺旋桨轴和尾轴的检验,检验间隔期一般不超过 5 年。以上两项保持船级检验均需船舶进坞完成,船级检验可以与船舶坞修结合进行。

二、小修

小修是按规定周期有计划地结合船舶年度检验进行修理的小工程,主要是对船体和主副机等进行重点检查。小修的目的是修复在营运中过度磨损的部件和配件,经过小修能保持安全营运到下次计划修理。

小修的工程范围应尽可能缩小,对机电设备进行不拆开或少拆开的常规检查,不进行加装或移位等改建项目。具体项目包括:船舶主机修理;船舶副机修理;电机电气部分修理;甲板部分修理;其他部分修理(如空气瓶出舱、放残、试压等)。

小修间隔期,客货轮为 12 个月,远洋货轮为 12～18 个月。如船舶技术状况较好,经验船师检验同意后,可以延长 6 个月,但最多不超过 12 个月。

三、检修

检修是修船的最大修理类别,每隔 2 至 3 次小修期进行一次,尽量结合验船的特别检验进行。检修时除进行一般小修工程外,还应拆开必要的机器设备,对船体和各主要设备进行一次比较全面的检查,修复小修中未能消除的缺陷。通过检修,船舶的技术状况应达到一、二类级别的要求,使主要的设备和系统安全运转到下次检修。对于维持类性质的船舶一般不安排检修。

四、海上事故修理

海上事故修理是指船舶在营运中,如遇到不可抗拒(如台风、龙卷风)的因素或意外船舶碰撞、触礁所造成的海损事故。要根据船舶损坏程度和船检部门提出的修理意见和要求进行临时性的修理,以便能取得适航证书。事故修理日期如接近计划修理时,可以考虑合并进行。

第二篇
船舶代理英语

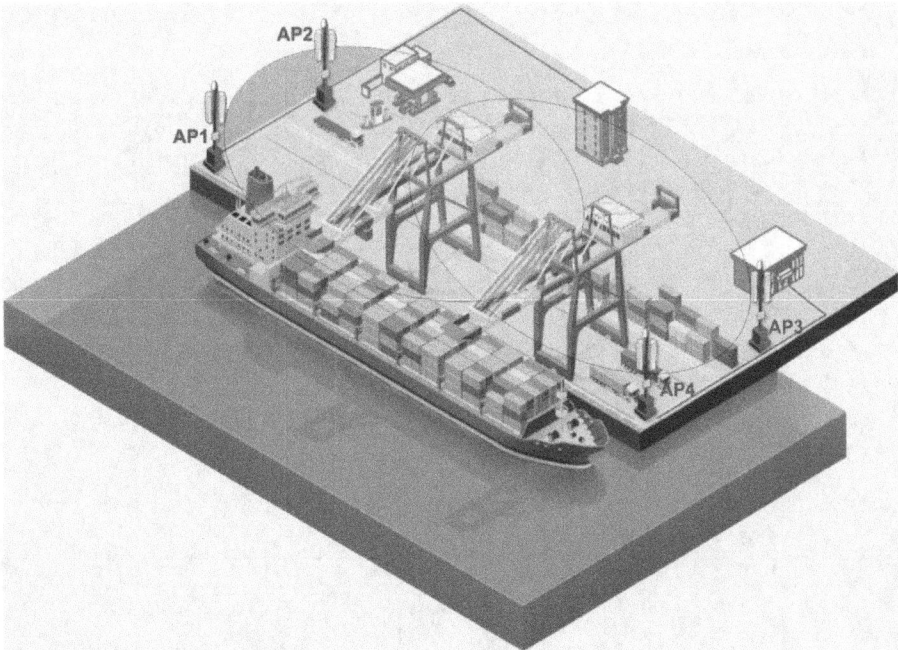

Chapter One

Prior to Ship's Arrival

Section One   Long-term Shipping Agency Appointment

Objectives

1. Know well about the long-term shipping agency relationship.
2. Master how to establish the long-term shipping agency relationship.
3. Understand the content of the long-term shipping agency agreement.

Task

Tianjin Sunlight Shipping Agency will establish long-term shipping agency relationship with Blue Sky Shipping Company. You should talk about long-term shipping agency agreement with the shipping company as an agent, and then sign the agreement.

Task Implementation

1. Know about the long-term shipping agency relationship

The long-term shipping agency relationship refers to the agency relationship between the entrusting party and the agent after full consultation, in writing, to sign a long-term and effective (one year or several years) agency agreement.

In the term of validity of the agreement, the entrusting party only needs to notify the agent of the ship's name, the estimated time of arrival (ETA), ship's particulars and loading condition before the ship's arrival on each voyage. The entrusting party shall establish a current account and prepay the appropriate amount of port disbursement for the use of each voyage.

The liner company and the agency generally sign a long-term agency agreement (one or two years), and the two parties agree on whether to renew the agreement after it expires.

2. Understand the content of the long-term shipping agency agreement

The entrusting party or the shipping company usually offers the long-term appointment in writing, such as a letter of authorization (by telex, fax, EDI, E-mail or other means). The shipping agency reviews the authorization and conducts a negotiation with the entrusting party or shipping company. Then, a shipping agency agreement may be drawn up and signed after negotiation. In the liner shipping, the shipping company and agency will sign a long-term shipping agreement. While, in the tramp shipping, the shipping company usually sends a shipping agency appointment correspondence to the shipping agency, not the voyage shipping agreement.

3. Talk about the long-term shipping agency agreement

The following conversation between the shipowner and the agent about the long-term agency agreement is for reference learning.

Owner: Good morning sir, we are from "Blue Sky Shipping Company". My name is Peter. On this visit today we'd like to discuss our long-term agency agreement with you.

Agent: Hello! Peter, good morning, a warm welcome to you from our company, please sit down. Yes, since both of us have contacted for a period of time and laid a good foundation for mutual cooperation, I hope that this meeting today will be very pleasant and fruitful.

Owner: I think so, thank you.

Agent: Well, how about the draft of the agreement? We sent you last week, anything to be corrected further?

Owner: Yes, I would say that most of the terms are acceptable. There are only two points which need to be discussed between us this time. One is the discount percentage of the agency fee, the other is the time for us to remit you the port disbursement.

Agent: Oh, I see. But could you please say this more concretely?

Owner: OK, frankly speaking, is it possible for your kind company to give us 40 percent agency fee discount instead of 30 for each ship?

Agent: Well, it seems somewhat difficult. In my opinion, 30 percent discount is quite generous. Our income is very limited even if we get 70 percent agency fee, Another reason is that we are afraid we would be punished by the shipping agency association, if it were known by our competitors that we cut the agency fee so much.

Owner: Yes, you're right. It is understandable.

Agent: Well, what if we both compromise a little, say 35 percent is it workable?

Owner: Umm, yes, a fine idea! I agree to it.

Agent: If so, that's solved.

Owner: My second question is the time for us to remit you the port disbursement. Do you think we can remit it according to the final practical invoices and other payment bills after each ship's departure?

Agent: Well, it is really a hard nut for us. As you know, our company is a big one. In each month, we usually pay various kinds of charges for about 120 ships, the total amount of the port charges is quite high. Providing that we can only receive the port disbursement after each ship's sailing, that is to say we have to firstly pay all the port departments concerned with our own money, we'll greatly suffer financially. I hope you can understand this.

Owner: Yes, it is logical, I understand. OK, as your good friend and partner, we should also think of your situation, not only ours, therefore we will punctually pay you the disbursement before our ship's arrival at your port later.

Agent: Thank you very much indeed for your kindness. Since there are no other questions, I believe we can sign the agreement this afternoon. Now let's go to a restaurant for lunch.

Owner: All right, thanks a lot.

Agent: OK, let's be off now.

New Words and Expressions

1. long-term   长期的
2. shipping agency agreement   船舶代理协议
3. guest room   客厅,会客室
4. to lay a good foundation for sth.   为……打下良好的基础
5. draft   草稿;汇票;船舶吃水
6. agency fee   代理费
7. remit   汇款
8. ship disbursement   船舶支出
9. shipping agency association   船舶代理协会
10. ship's departure   船舶离港
11. be a hard nut for sb.   对……来说是个棘手的问题
12. ship's sailing   船舶开航
13. punctually   准时地
14. ship's arrival   船舶抵达

4. Sign the long-term shipping agency agreement

The sample of long-term shipping agency agreement is as follows.

Long-term Shipping Agency Agreement
长期代理协议

Party A 甲方：　　　　　　　　　（Entrusting Party 委托人）
Legal representative 法定代表人：
Legal address 法定地址：　　　　　Postcode 邮编：
Operator 经办人：　　　　　　　Telephone 电话：　　　Fax 传真：
Bank account 银行账户：

Party B 乙方：　　　　　　　　　（Shipping Agency 船舶代理人）
Legal representative 法定代表人：
Legal address 法定地址：　　　　　Postcode 邮编：
Operator 经办人：　　　　　　　Telephone 电话：　　　Fax 传真：
Bank account 银行账户：

In view of Party B's shipping agency qualification and rich experience, Party A shall designate Party B as the liner agent for its own and/or chartered ships.

鉴于乙方具有船舶代理资质和丰富的经验，甲方指定乙方作为其自有和/或租用船舶的班轮代理人。

Accordingly, according to the principle of equality and mutual benefit, the two parties agree on the following terms and conditions according to relevant laws and regulations of the People's Republic of China:

据此，双方按照公平互利的原则，根据中华人民共和国相关法律法规就以下条款达成一致：

1. The authorization 授权

1.1　According to Party A's authorization, party B shall be the liner agent of Party A's own and/or chartered ship, and the route code：_____.

根据甲方的委托，乙方作为甲方自有和/或租用船舶的班轮代理人，航线代号：_____。

1.2　The port or area applicable to this contract shall be：_____.

本合同适用的港口或区域为：_____。

2. Party B's agency rights 乙方的代理权限

2.1　Port agency 港口代理

2.1.1　Party B arranges ship berthing, cargo handling, inspection and quarantine and other auxiliary business according to the local loading and unloading habits and conditions.

乙方根据当地装卸习惯和条件，安排船舶靠泊、货物的装卸、检验检疫和其他辅助业务。

2.1.2　Party B shall keep close with the port and other relevant authorities and contact them on behalf of Party A.

乙方与港口和其他有关的当局保持紧密的沟通，代表甲方与他们进行联系。

2.1.3　Party B shall notify the consignee of the latest position of the ship and deliver the imported goods according to the bill of lading duly endorsed.

乙方通知收货人有关船舶最新的位置,依据适当背书的提单交付进口货物。

2.1.4   Party B shall, in accordance with Party A's requirements, regularly notify Party A of the location of the ship, port taxes and other expenses, and issue necessary factual statements.

乙方根据甲方的要求,定期向甲方通知船舶的位置,港口税费和其他费用的情况等,签发必要的事实声明。

2.1.5   Party B shall arrange for the ship to take oil, water and other necessities.

乙方安排加燃油、加水和其他必需品。

2.1.6   Party B shall arrange the repair and inspection of the ship, and deal with the particular average and general average for the collision or other accidents with Party A.

乙方安排船舶修理和检验,处理因为与甲方的船舶碰撞或其他事故产生的单独海损和共同海损的事务。

2.1.7   Party B shall participate in the management of the ship, including payment of wages, contract signing, hospitalization, medical treatment, etc.

乙方参加船舶的管理,包括为船员支付工资、签约,支付船员的住院、医疗费用等。

2.1.8   Party B shall deal with claims and provide assistance in handling general average, and shall protect the interests of Party A according to the provisions of the transport contract and the provisions of the law.

乙方处理索赔和在处理共同海损中提供帮助,根据运输合同条款和法律的规定保护甲方的利益。

2.2   Issuance of shipping documents 签发航运单据

2.2.1   Party B shall prepare and issue shipping documents related to import in the name of Party A, including arrival notice, delivery order, etc.

乙方以甲方的名义准备和签发有关进口的航运单据,包括到达通知,交货命令等。

2.2.2   Party B shall prepare and issue export shipping documents in the name of Party A, including shipping instructions, original bill of lading, shipping list, container list, etc.

乙方以甲方的名义准备和签发出口航运单据,包括装船指令、正本提单、装船清单、集装箱清单等。

2.3   Collection and payment of expenses related to vessel and cargo 代收代付船货有关费用

2.3.1   Party B shall collect the freight, surcharge and other expenses of import and export goods on behalf of party A, and remit to Party A within the next month after the ship leaves the port.

乙方代表甲方收取进出口货物运费、附加费和其他费用,并在船舶驶离港口后下个月内按周支付给甲方。

2.3.2   Party B shall, on behalf of Party A, to pay the costs and expenses related to ship, cargo operation, including all of the small fees, such as postage, traffic and communication charges, telex fee, cable fee, long-distance telephone fee, advertisement cost, etc.

乙方代表甲方支付与船舶操作、货物操作有关的费用和开支,包括所有小额的费用,如邮费、交通及通信费、电报电传费、长途电话费、广告费等。

2.4 Other special authorization of Party A 甲方的其他特别授权

3. Commitment of both parties 双方的承诺

3.1 Party A's commitment 甲方承诺

3.1.1 Party A shall provide Party B all the documents necessary for the completion of the agency.

甲方为乙方提供完成代理事项而必须的全部文件资料。

3.1.2 Party A shall provide information on the shipping date, port berthing, liner policy and the agency matters under this contract in a comprehensive and timely manner.

甲方全面、及时地提供有关船期、港口的靠泊、航线政策以及影响本合同项下代理事宜的信息。

3.1.3 Party A shall pay the relevant fees as agreed herein.

甲方按照本合同的约定支付有关费用。

3.1.4 Party A shall bear any responsibilities and expenses incurred by Party B in the act of agency.

甲方承担乙方在代理权限内的行为所产生的任何责任和费用。

3.1.5 Party A shall provide Party B with relevant information before the ship arrives at the port so that Party B can arrange the agency service. If Party A needs to change the agency rights of Party B in this voyage, Party A shall make written instructions separately, otherwise Party B shall be deemed to have all the agency rights as agreed herein.

甲方在船舶到港前提供乙方有关信息,以便乙方安排代理服务。如甲方在该航次中需要变更乙方的代理权限的,甲方应当另行做出书面指示,否则乙方视为享有本合同约定的全部代理权限。

3.2 Party B's commitment 乙方承诺

3.2.1 Party B shall earnestly perform the duties of the agent and safeguard the legitimate rights and interests of Party A.

乙方应认真履行代理职责,维护甲方的合法权益。

3.2.2 Party B shall be responsible for the direct loss and extra expenses suffered by Party A due to Party B's intentional or gross negligence, but it does not include the economic loss caused by the delay of the goods and any other losses that cannot be reasonably foreseen when signing the contract.

乙方对因己方的故意或者重大过失而导致甲方遭受的直接损失和额外发生的费用承担责任,但不包括货物因延迟等原因造成的经济损失以及任何其他在签订本合同时所无法合理预见的损失。

4. Payment method 费用支付方式

4.1 Party A shall reimburse Party B within _____working days upon receipt of the payment bill from Party B for all expenses paid by Party B on behalf of Party A in accordance with article 2.3.2.

对于乙方根据第2.3.2条代表甲方支付的一切费用,甲方应当在收到乙方账单之日起_____个工作日内偿还给乙方。

4.2   The agency fee shall be determined by negotiation. Party B shall provide the agency fee for the voyage within _____working day after the ship leaves the port, and Party A shall pay the agency fee to Party B within _____working day upon receipt of the payment bill from Party B.

乙方的代理费根据协商确定,乙方应在船舶离港后_____个工作日内提出该航次的代理费,甲方应当在收到乙方账单之日起_____个工作日内支付代理费给乙方。

5. Confidentiality 保密条款

5.1   For the purpose of this contract, The term "secret information" refers to any undisclosed confidential information relating to or relating to the parties hereto, including but not limited to all or any part of the following information: the business operation, marketing channels, procedures, standards, prices and other financial records of any party of the contract; any contract, agreement, memorandum, annex, draft or record (including this contract) signed by either party for the purpose of this contract; the unpublished information provided by either party to the other party for the purpose of this contract.

为本合同之目的,"秘密信息"一词指的是任何涉及或与本合同各方有关的未公开的秘密信息,包括但不限于下列信息中的全部或任何部分:合同任何一方的业务经营、营销渠道、程序、标准、价格及其他财务记录等资料;任何一方为本合同目的而签署的任何合同、协议、备忘录、附件、草案或记录(包括本合同);以及本合同一方为本合同之目的而向对方提供的未公开的信息。

5.2   In addition to the circumstances specified in section 5.3, neither party shall disclose confidential information to any third party in any way, nor announce the signing and performance of this agreement to the public or the media in any way.

除5.3所列举的情形外,本合同任何一方不得将秘密信息以任何方式泄露给任何第三方,也不得以任何方式向公众、媒体宣布本协议的签订和履行等情况。

5.3   Neither party shall be deemed to disclose or divulge confidential information in the following circumstances:

发生以下情况,任何一方均不被视为披露或泄露秘密信息:

5.3.1   The leaked secret information was known to the public prior to the breach (except in case of breach of this clause).

所泄露的秘密信息在泄露之前已为公众所知(但以违反本条款方式泄露的除外)。

5.3.2   Prior written consent of the parties to the contract.

经合同各方事先书面同意。

5.3.3   For the purpose of this transaction, the confidential information is disclosed to each professional consultant, and the consultants are required to assume the responsibility of confidentiality.

为本次交易之目的将秘密信息披露给各自的专业顾问,并要求其承担保密责任。

5.3.4   To be disclosed in response to mandatory requirements of government departments or laws and regulations, but the requirements of the government department must be based on formal written document, otherwise either party of agreement should refuse to disclose or divulge any secret information.

应政府部门或法律法令的强制性要求而披露,但政府部门的要求必须是以正式书面文件发出的,否则协议一方应当拒绝披露或泄露任何秘密信息。

5.4　Both parties hereto should take necessary measures to limit their knowledge or understanding of the confidential information to the relevant employees, agents or advisers, they are required to strictly abide by this clause and not disclose any confidential information to any third party. All parties are committed not to disclose or divulge confidential information obtained from the other party to their unrelated staff.

本合同双方均应采取必要措施,将其知悉或了解的秘密信息限制在其有关职员、代理人或顾问的范围内,并要求他们严格遵守本条款,不将有关秘密信息泄露予任何第三方。各方均承诺不将从对方取得的秘密信息披露或泄露给其无关的职员。

5.5　If either party discloses confidential information in accordance with the provisions of paragraph 5.3.4, it shall notify the other party of the contract.

任何合同一方如果依据第5.3.4款之规定对外披露秘密信息,应当通知合同对方。

5.6　If either party violates the provisions of this article, it shall indemnify the other party for losses.

合同一方违反本条款的规定,应当赔偿合同对方的损失。

5.7　The confidentiality clause shall not terminate upon termination of this contract. The confidentiality obligations of the parties to the confidential information shall be calculated from the date of obtaining the confidential information for a period of _____ years.

保密条款不因本合同的终止而终止。合同各方对秘密信息承担的保密义务自获得秘密信息之日起算,为期_____年。

6.　Force majeure　不可抗力

6.1　Events of force majeure means unforeseeable, unavoidable and insurmountable objective conditions, including earthquake, typhoon, flood, fire and other natural disasters, war, riots, martial law and other circumstances beyond the control of the affected party.

不可抗力事件是指不可预见、不能避免、不能克服的客观情况,包括地震、台风、水灾、火灾及其他自然灾害,以及战争、骚乱、戒严及其他受影响一方不能控制的客观情况。

6.2　If one party fails to perform the obligations of this contract due to force majeure, it shall promptly notify the other party of the force majeure event and issue an effective basis for force majeure, and issue a valid basis, and take reasonable measures to minimize the influence of the force majeure event, as much as possible in the shortest possible time to resume performance of this contract.

若一方因不可抗力情况而不能履行本合同义务时,应及时通知另一方不可抗力的情况,并出具不可抗力的有效依据,并应当采取合理措施尽量减少不可抗力事件的影响,尽可能在最短时间内恢复履行本合同。

6.3　In the event of a force majeure, either party of the contract shall not be liable for any loss suffered by the other party from the failure to perform or delay performance of the contract, and such failure or delay shall not be deemed to be a breach of contract.

若发生不可抗力事件,合同任何一方无须对另一方因本合同未能履行或延迟履行而遭受的任何损失承担责任,并且此种未能履行或延迟履行不应视为违反本合同。

6.4   In case of force majeure, the obligations of both parties hereto shall be postponed accordingly. If the party fails to perform its obligations for more than _____ days, either party shall have the right to terminate this contract because the interests are not guaranteed.

在发生不可抗力的情况下,本合同的义务履行期限可随情况的发展相应推迟。如不能履行义务超过_____天,履约双方中任何一方因利益得不到保证,有权解除本合同。

7.   Liability for breach of contract 违约责任

7.1   If Party A violates the provisions of article 4 of this contract and delays the payment of various expenses, Party A shall pay the overdue payment penalty to Party B in accordance with 5‰ of the daily delayed payment.

甲方违反本合同第四条的规定延迟支付各项费用的,每延期一天,支付乙方延迟付款额的万分之五作为逾期付款违约金。

7.2   In case of Party A's loss due to the Party B's intentional or gross negligence, Party B shall bear the liability for the direct losses and additional incurred expenses suffered by Party A, but excluding the economic losses caused by delay as well as any other losses that may not be reasonably foreseeable at the time of the signing of the contract.

因乙方故意或重大过失而导致甲方损失的,乙方应对因此给甲方遭受的直接损失和额外发生的费用承担责任,但不包括因延迟等原因造成的经济损失以及任何其他在签订本合同时所无法合理预见的损失。

8.   General terms 一般性条款

8.1   Effectiveness and validity of the contract: this contract shall come into force upon being signed and exchanged by authorized representatives of both parties and shall be valid for _____ year.

合同的生效及有效期:本合同经双方有授权的代表签署并互换之日起生效,有效期_____年。

8.2   Applicable law: the conclusion, validity, interpretation, performance, modification, termination and dispute resolution of this contract shall be governed by the laws of the People's Republic of China.

法律适用:本合同的订立、效力、解释、履行、修改、终止及争议的解决,均应适用中华人民共和国法律。

8.3   Dispute resolution 争议解决

Any dispute or dispute arising under this contract shall be submitted to the _____ arbitration commission for arbitration in accordance with the arbitration rules of the commission. The arbitration award shall be final and binding upon both parties.

本合同项下发生的任何纠纷或争议,应提交_____仲裁委员会,根据该会的仲裁规则进行仲裁。仲裁裁决是终局的,对双方都有约束力。

8.4   Modification of the contract 合同的修改

8.4.1   In the event of market changes and contractual joint requirements, either party may make a request for modification, alteration or supplement to the contract.

因市场的变化和合同双方协作要求,任何一方均可向对方提出修改、变更、补充本合同的请求。

8.4.2 Once the contract has been modified, changed and supplemented, it shall be carried out in a written agreement and shall come into force upon being signed and sealed by both parties.

合同的修改、变更、补充应以书面协议方式进行,经双方签字盖章后生效。

8.5 Matters not covered herein shall be settled by both parties through consultation. If it cannot be settled through negotiation, the relevant laws and regulations of the People's Republic of China shall be implemented.

本合同未尽事宜,由合同双方当事人协商一致解决。若不能协商解决时,按照中华人民共和国有关法律法规执行。

8.6 This contract is made in duplicate with each party holding one copy.

本合同正本一式两份,合同双方各执一份。

Party A:　　　　　　(signature and seal)　　　Date
甲方:　　　　　　　　(签章)　　　　　　　日期:　　年　月　日

Party B:　　　　　　(signature and seal)　　　Date
乙方:　　　　　　　　(签章)　　　　　　　日期:　　年　月　日

Section Two　Voyage Shipping Agency Appointment

Objectives

1. Understand the correspondence of the voyage shipping agency appointment.
2. Know well about the ship's particular.
3. Be able to estimate the port disbursement.
4. Learn how to write the correspondence of reply.

Task

M/V "PEARL" is scheduled to call at Tianjin Xingang. Before she arrives at Tianjin Xingang, her shipowner Victory Shipping Company intends to entrust Tianjin Sunlight Shipping Agency to handle the ship's related affairs at the port. Please review and respond to the shipping agency appointment correspondence.

Task Implementation

1. Understand the content of shipping agency appointment correspondence

This is a shipping agency appointment correspondence from Victory Shipping Company to Tianjin Sunlight Shipping Agency, please read and understand it.

9TH MAR.,2018

TO:TIANJIN SUNLIGHT SHIPPING AGENCY
FM:VICTORY SHIPPING COMPANY

RE:M/V PEARL V.815-AGENCY APPOINTMENT

DEAR SIRS,

WE ARE PLEASED TO INFM YOU THAT ABOVE MENTIONED VSL FXD TO CALL AT TIANJIN XINGANG FOR LOADING IRON ORE. IN THIS CONNECTION,WE'D LIKE TO ASK YOU TO ACT AS OUR AGTS WZ PAYING KIND ATTENTION TO FLWGS. THANKS.

1. SUMMARY OF FIXTURE NOTE
   – CHRTR:RAINBOW CORPORATION
   – SHPRS:XINHUA IRON ORE CO.,LTD.
   – CONSIGNEE:MIZUKI STEEL CORPORATION
   – LAY/CAN:12TH-22ND/MAR
   – L/PORT:1 SB,1 SP OF XINGANG/CHINA
   – D/PORT:1 SB,1 SP OF KOBE/JAPAN
   – CGO QTTY:IRON ORE IN BULK. 55,000 MT 10% MOLOO
   – L/RATE:16,000MT WWD SHEX UU
   – D/COSTS:F. I. O. T.

2. ITINERARY
   INCHON:ETA 0800/15TH/MAR,ETD MORN/17TH/MAR
   XINGANG:ETA NITE/19TH/MAR

3. LDG SCHEDLE
   PLS KEEP US CLOSELY ADVISED OF VSL'S LOADING SCHEDULE WITH LINE-UP.

4. ETA NOTICE
   WE INSTRUCTED MASTER TO GIVE YOU ETA NOTICE ON SAILING FROM INCHON AND 72/48/24/12HRS PRIOR TO ARRIVAL AT L/PORT.

5. NOTICE OF READINESS
   PLS HAVE VSL TENDER N/R ON VSL'S ARVL WITHOUT FAIL.

6. BILL OF LADING

- OUR B/L FORM TO BE USED FOR THIS SHIPMENT WHICH TO BE ON BOARD.
- PLS SIGN/RELEASE ORIGINAL B/L TO SHIPPERS IF YOU ARE AUTHORIZED BY MASTER.
- FLWG REMARKS TO BE CONTAINED IN ORIGINAL B/L.
  - "FREIGHT PAYABLE AS PER CHARTER PARTY"
  - "SHIPPERS' WEIGHT" OR "SAID TO WEIGH" OR OTHER SIMILAR CLAUSE
  - "ALL TERMS, CONDITIONS AND EXCEPTIONS INCLUDING ARBITRATION CLAUSE OF THE RELEVANT CHARTER PARTY BETWEEN VICTORY SHIPPING COMPANY AND RAINBOW CORPORATION ARE HEREIN FULLY IN CORPORATED. "

7. STEVEDORE DAMAGE

IF OUR VSL UNFORTUNATELY SUFFERS FROM STEVEDORE DAMAGE, PLS ASK STEVE TO REPAIR IT IMMEDIATELY. THEN ASSIST MASTER IN OBTAINING A REPORT OF DAMAGE, WITH STEVEDORE'S SIGNATURE, THAT SHOWS STEVE ARE RESPONSIBLE FOR REPAIRING THE DAMAGE. ALSO IF STEVE INSISTS ON INSERTING REMARKS SUCH AS, THEY ARE NOT RESPONSIBLE, MASTER WILL INSERT COUNTER REMARK STATING STEVE ARE RESPONSIBLE, SO PLS ASSIST HIM ACCORDINGLY.

8. SHIP'S PARTICULAR

- NAME: PEARL
- FLAG: PANAMA
- CALL SIGN: VRCC7
- BUILT: 2007
- CLASS: D. N. V.
- DWT: 57,326 MT
- GRT/NRT: 33,128 T/ 18,670 T
- LOA/BEAM (M): 189. 33/ 30. 95
- MAX DRAFT: 12. 15 M
- HATCH: 5 HATCH/ HOLD (1 H/16. 30 × 12. 00 M, 2,3,4,5 H/19,50 × 12,00 M)
- TYPE OF HATCH COVERS: FOLDING TYPE
- GEARS: 25 T ×4
- MINI-M (TEL): 76 × × × × × ×
- (FAX): 76 × × × × × ×
- PLS CFM CARGO STEM FOR THIS SHIPMENT.
- PLS ADVISE HER BERTHING AND LOADING PROSPECT AS USUAL.
- PLS SEND US B/L DRAFT IN ADVANCE FOR SMOOTH RELEASING.
- PLS CONFIRM YR ACK OF ABOVE.

THANKS / BEST REGARDS.

2. Estimate port disbursement

The port disbursement is an advance payment which includes the port charge, agency fee, and other special items cost. The ship's agent should estimate the ship's port disbursement and quote it to the shipping company. While, the shipping company should pay this fee to the shipping agency before the ship arrives at the port.

According to the task, the estimated port disbursement of M/V "PEARL" is made out, as shown in Table 1. 1.

Table 1. 1   Estimated Port Disbursement

VSL NAME	PEARL		
DATE	12TH MAR. 2018		
SHIP'S NRT	18,670		
NATIONALITY	PANAMA		
CARGO'S TYPE&QUANTITY	55,000 MT IRON ORE IN BULK		
EXCHANGE RATE	6. 3		
ITEMS	USD	RMB	CALCULATION
PILOTAGE	4,297. 1	27,071. 5	NRT × RATE 0. 5 ×2 TIMES × (1 +45%)
TONNAGE DUES	13,632. 1	85,882	NRT ×4. 6 (FOR 30 DAYS)
ANCHORAGE FEE	296. 3	1,867	NRT × RATE 0. 05 ×2 DAYS
BERTHAGE FEE	1,481. 7	9,335	NRT × RATE 0. 25 ×2 DAYS
TUGS HIRE	3,492. 1	22,000	IN LUMPSUM AGAINST AGENCY PROFORMA INVOICE
CHARGES FOR QUARANTINE	555. 5	3,500	FINAL CHARGE AGAINST ORIGINAL INVOICE
GARBAGE COLLECTION FEE	317. 5	2,000	IN LUMPSUM
TRAFFIC& COMMS FEE	476. 2	3,000	IN LUMPSUM
SLUGE DISPOSAL FEE	317. 5	2,000	IN LUMPSUM
SUNDRIES	476. 2	3,000	IN LUMPSUM
AGENCY FEE	3,968. 2	25,000	IN LUMPSUM
TOTAL DISBURSEMENT	29,310. 4	184,655. 5	

3. Write a reply correspondence about accepting shipping agency appointment

According the above shipping agency appointment correspondence and estimated result of port disbursement, reply correspondence is written as follows:

13th Mar.,2018

To：Victory Shipping Company

From：Tianjin Sunlight Shipping Agency

Re：M/V PEARL V. 815 Appointment Acceptance

Dear Sir,

　　Pleased to receive your message of sailing instruction and well noted. First of all, we would like to thank you for your strong support and trust to our company. It's our great honor to act as your agent and we will try our best to look after your vessel.

　　To ensure the vessel's calling smoothly, please kindly find our following information.

1. Port information

　　– Cargo handling operation is consecutive on 24 hours in this port. (including Sat/Sun/ Holidays).

　　– Entry formalities for vessels from abroad is to be conducted at anchorage as per CIQ regulation.

　　– Please inform the master to make ready for PSC inspection by Harbor officers and Quarantine inspection by CIQ officers.

　　– 50% surcharge will be collected for pilotage, towage and mooring/unmooring if vessel berthing, shifting or sailing is at night time from Monday to Friday, and 100% surcharge will be collected if vessel berthing, shifting or sailing is at night time on Saturdays Sundays and official holidays.

2. Information for loading

　　Cargo stowage factor is about 0. 55. Density of sea water is about 1. 025 which will be subject to the surveyor. Iron ore loading at this port is conducted by loader equipped with belt conveyor. Usually loading rate can reach 3,500 ~ 4,500 metric tons per hour per loader. Normally four or five loaders will be used. Air draft of loader is about 17. 5 meters.

3. Proforma port disbursement

　　Pilotage：USD 4,297. 1

　　Tonnage dues：USD 13,632. 1

　　Anchorage fee：USD 296. 3

　　Berthage fee：USD 1,481. 7

　　Tugs hire：USD 3,492. 1

　　Quarantine fee：USD 555. 5

　　Garbage collection fee：USD 317. 5

　　Traffic&Communication fee：USD 476. 2

　　Sluge disposal fee：USD 317. 5

　　Sundries：USD 476. 2

Agency fee: USD 3,968. 2（20% discount deducted）

Total: USD 29,310. 4

Please kindly arrange this amount to our following account at your earliest Convenience before ship's arrival. Actual expenses will be calculated against original vouchers on D/A which we will send to you in about 30 days after ship's departure.

4. Our banking details:

Account No. × × × × × ×（USD）

Bank of China Tianjin Branch Xingang No. 2 Road Office.

In favour of Tianjin Sunlight Shipping Agency.

5. Port service（Details will be reverted if it's needed）.

- Bunker/fresh water supplies are available, and the booking order for bunkers can be placed through this agency or overseas bunker brokers.

- Ship provisions, admiralty materials, voyage repairing, and crew sightseeing can be arranged by our Haining company.

- Crew medical treatment, crew repatriation, spare parts and mail delivery are also available.

6. Cargo stem

Shippers have confirmed this shipment. Cargo of this brand of ore is stemming in No. 6 and No. 7 stevedore company, but in which stevedore company to arrange our vessel can not be fixed at present, we will continue to check and inform you further news.

7. Berth situation

Wharf number for our vessel is 302# or 303# if vessel is arranged in No. 3 stevedore company. Port is busy but not congested. So I expect total port stay 3 days if weather permitting.

Our full style:

Sunlight Shipping Agency, Tianjin

Address: × × × × × ×, Tianjin, China

Fax: × × × × × ×

Tel: × × × × × ×

E-mail: × × × × × ×

I will be at your service 24 hours a day. If you have any doubt, please feel free to contact with me.

Best Regards,

Shipping Dept.

* *

Tianjin Sunlight Shipping Agency Co., Ltd.

Section Three   Guide to Port Entry

Objectives

1. Read and understand the Guide to Port Entry.
2. Know well about the basic facilities and equipment of the port.
3. Learn how to write a Guide to Port Entry.

Task

M/V "PEARL" is approaching Tianjin Xingang. This is her first calling at Xingang, therefore, she needs a Guide to Port Entry. As an agent of Sunlight Shipping Agency, please provide the captain a Guide to Port Entry.

Task Implementation

1. Understand the main content of the Guide to Port Entry

A Guide to Port Entry is especially useful for paperwork requirements and it also has diagrams of many docks in all parts of the world. The following information should be included in the Guide to Port Entry: anchorage location, pilot station, tugs, berth, loading/discharging facilities, documentation Requirements for Port Entry, port features to be aware of, any other information and restrictions of the port.

2. Write a Guide to Port Entry for Tianjin Xingang

13th Mar., 2018

TO: Master of M/V PEARL
FM: Sunlight Shipping Agency, Tianjin

RE: Tianjin Xingang Port Guidance

We, Tianjin Sunlight Shipping Agency have great pleasure to act as your agent at Tianjin Xingang for attending your vessel. In view of your first calling at Tianjin Xingang, for your smooth operation, we are pleased to advise you that followings:

– Location: On the estuary of the Haihe River to the west of the Bohai Gulf in central eastern China, 72 miles (116 km) from Beijing.

– Max. Size:

Bulk:100,000 d. w. t.,depth 16. 3 m

Containers:50,000 d. w. t.,depth 13. 6 m

Gas:20,000 d. w. t.,depth 10. 1 m

Passengers:10,000 d. w. t.,depth 8. 5 m

Ro-Ro:10,000 d. w. t.,depth 8. 5 m

Tankers:50,000 d. w. t.,depth 12. 7 m

- Restrictions:

- Xingang Main Channel:Between Buoys No. B1/B2 and No. 15. vessels 80,000 d. w. t. or over shall not exceed 10 knots and other vessels 12 knots.

- East Ship Lock Channel:Between Buoy No. 15 and Xingang Ship Lock. Vessel's speed shall not exceed 8 knots and less than 4 knots.

- Weather Restrictions:Shipping movements whether entry,departure or shifting shall cease if visibility is less than 1,000 m or wind speed Force 9 or over.

- Pilotage:Compulsory. Available throughout 24 hours. Pilot boards at the DaGu Anchorage.

- Tugs:26 tugs up to 4,000 h. p.

- Anchorages:

- Da Gu:Anchorage depth 18. 5m and bottom mud,handles vessels of 100,000 d. w. t. or draft 13. 0 m or more,contained between the following co-ordinates:

Lat. 38_ 51'49. 4"N,Long. 118_ 10'18. 0"E

Lat. 38_ 49'43. 5"N,Long. 118_ 13'53. 2"E

Lat. 38_ 48'07. 4"N,Long. 118_ 12'21. 1"E

Lat. 38_ 50'13. 3"N,Long. 118_ 08'46. 0"E

- Da Gu North:Anchorage depth 13. 0 m and bottom mud,handling bulk,container and general cargo vessels up to 50,000 d. w. t. and draft 10. 5 m,contained between the following coordinates:

Lat. 38_ 59'24"N,Long. 117_ 58'18"E

Lat. 38_ 58'01"N,Long. 118_ 07'04"E

Lat. 38_ 55'33"N,Long. 118_ 06'26"E

Lat. 38_ 56'57"N,Long. 117_ 57'39"E

- Da Gu South:Anchorage depth 13. 0 m and bottom mud,handling dangerous cargo vessels up to 50,000 d. w. t. and draft 8. 0 m and other vessels up to draft 10. 5 m,contained between the following co-ordinates:

Lat. 38_ 55'42"N,Long. 118_ 01'14"E

Lat. 38_ 53'26"N,Long. 118_ 00'39"E

Lat. 38_ 52'38"N,Long. 118_ 05'40"E

Lat. 38_ 54'54"N,Long. 118_ 06'15"E

- VTS/Radar:Compulsory for all foreign and Chinese vessels of LOA 60 m or more.

Call sign"Tianjin VTS",listens on VHF Channel 9 and works on VHF Channel 65. Languages used English and Mandarin.

Located at the eastern end of Xingang, in position Lat. 38_ 58′31″N, Long. 117_ 47′12″ E. Radar coverage radius 20 nm from this point, VHF range 25 nm.

– Berths:85 operational berths, total length 18,162 m.

Terminal	Berth No.	Length(m)	Depth(m)	Size (d. w. t)	Remarks
Stevedore No. 1	G1 – G3	600	10.2,10.3 10.4	20,000	General cargo
TXST	G4	205	10.7	38,000	Palletized cargo
Stevedore No. 1	G5	205	9.4	15,000	Containers, general
	G6	360	8.7	10,000	Containers
	G6 +				
Stevedore No. 2(TBT)	G7 – G8	367			Containers
	G9 – G11	509	9.0	10,000	Bulk coke
	G12	253	10.7	50,000	Grain, coke, general cargo
	G13	250	10.8	50,000	Grain soya bean
	G14 – G15	378	8.4 – 9.1	10,000	General cargo
Stevedore No. 4	G16	187	8.9	15,000	Bulk iron ore, timber, scrap
	G17	189	8.8	15,000	Bulk iron ore, timber, scrap
	G18	155	9.2	15,000	Bulk iron ore, timber, scrap
	G19	165	9.6	10,000	Bulk iron ore, timber, scrap
	G20	199	9.4	10,000	Bulk iron ore, timber, scrap
TPCT	G21	397	12.0		Containers
Stevedore No. 5	G22	162	9.7	25,000	Bulk iron ore, General cargo
	G23	177	9.6	25,000	Bulk iron ore,
Terminal	Berth No.	Length(m)	Depth(m)	Size (d. w. t)	Remarks
					General cargo
	G24	186	9.5	100.000	Bulk iron ore, General cargo
	G25	190	15.8	100.000	Coal, iron ore
	G26	26	15.8	100.000	Coal, iron ore
TPCT	G27 – G29	825	15.2	6 +	Containers
TOCT	G30 – G33	1,150	14.0		Containers
TOOICT	G34 – G40	2,300	16.0	6 +	Containers
TPPT	K1 – K2	439	7.0,8.0,8.5	10,000	Passengers, Ro – Ro
TPRRT	N1 – N2	472	14.2	80,000	Ro – Ro, edible
	N3	220	10.1	20,000	Petroleum

(续表)

Terminal	Berth No.	Length(m)	Depth(m)	Size (d. w. t)	Remarks
					products,
					Chemicals, edible,
					oil, crude, LPG
	N4	308	12.7	50,000	Petroleum
					Products, crude
Nanjiang Co	S1	488			Petrochemicals
	S2	212			Petrochemicals
	S3	219			Petrochemicals
	S4	308			Petrochemicals
	S5	254	14.2	50,000	Coal, coke
	S6	353	14.2	50.000	Coal, coke
	S7 – S8	615	12.9	50.000	Coal
	S9 – S10	445	16.3	100,000	Coal, coke
Stevedore	T5 – T6	230	6.0	5,000	General cargo
No. 3	T7	200	6.0	5,000	General cargo
	T8	148	6.0	5,000	General cargo
	T9	131	6.0	5,000	General cargo
	T10	130	6.0	5,000	General cargo
	T11	101	6.0	5,000	General cargo
	T12	118	6.0	5,000	General cargo
Hebei Marine	Shui Xian	146	6.0	3,000	Bitumen
TJP	908 No. 1	55	5.5	3,000	Chemicals,
					petroleum products

– Cranes

Terminal	Berth No.	Cranes(tonnes)
Stevedore No. 1	G1 – G3	$2 \times 25, 4 \times 16, 1 \times 10$
TXST	G4	2×25
Stevedore No. 1	G5	2×35
	G6	3×40
	G6 +	Gantry
Stevedore No. 2(TBT)	G7 – G8	3×40, gantry
	G9 – G11	6×10
	G12	$6 \times 25, 2 \times 10$
	G13	2 extractors
	G14 – G15	$1 \times 25, 5 \times 10$
Stevedore No. 4	G16	8×10
	G19	5×25
	G20	3×10
TPCT	G21	$3 \times 40, 1 \times 30.5, 1 \times 40 +, 3 \times 25 +$

（续表）

Terminal	Berth No.	Cranes（tonnes）
Stevedore No. 5	G22	2×20
	G23	10×10
	G24 – G26	6×40
TPCT	G27 – G29	$6 \times 65, 5 \times 61.0$
TOCT	G30 – G33	$5 \times 40, 3 \times 35$
TPPICT	G34 – G40	23×65
Nanjiang Co	S5	$2 \times 40, 2 \times 30$
	S6	$2 \times 2,000$ tonnes/hr. belt loaders
	S7 – S8	$2 \times 3,000$ tonnes/hr. belt loaders
	S9 – S10	$4 \times 40, 3 \times 35$
Stevedore No. 3	T6 – T8	$1 \times 20, 1 \times 15, 3 \times 10$
	T10	1×20
	T11	4×10
T5CT	1 – 4	12×65
TPAICT	1 – 4	11×65

– Documents：The following documents are required for clearance inwards：
- Prior to Berthing：
  1 Chinese Tonnage Dues Certificate（valid）
  1 Crew Effects Declaration
  1 Crew List
  1 International Tonnage Certificate
  1 Registry Certificate
- After Berthing：
  1 Cargo Declaration
  1 Crew Effects Declaration
  1 Crew List
  1 General Declaration
  1 Import/Export Cargo Manifest
  1 Stores Declaration（all bonded goods）
  1 Tonnage Dues Certificate（or Valid Chinese Tonnage Dues Certificate）
- Harbour Master：
  1 Application for Deballasting
  1 Cargo Declaration
  1 Clearance Last Port
  1 Crew List
  1 Document of Compliance（bulk and tanker）
  1 General Declaration

    1 Harbour Dues

    1 Safety Management Certificate (bulk and tanker)

    1 Ship's Particulars

- Immigration:

    1 Crew List

    1 Crew Effects Declaration

    1 General Declaration

    1 Repatriation/Shore Leave Application

- Quarantine:

    1 Cargo Declaration

    1 Chinese Sanitary Certificate

    1 Crew List

    1 Derat (Exemption) Certificate

    1 General Declaration

    1 Import/Export Cargo Manifest

    1 Maritime Declaration of Health

    1 Ship's Quarantine Dues Bill

    1 Stores Declaration

Wish you have a good time during calling at Tianjin Xingang!

Best regards,

Operation Dept.

* *

Tianjin Sunlight Shipping Agency Co.,Ltd.

Chapter Two

Ship's Arrival

Section One   VHF Radiotelephone Communication

Objectives

1. Master the terms used in the VHF radiotelephone communication.
2. Know well about the radio telephony spelling alphabet.
3. Understand the content of the VHF radiotelephone communication.

Task

M/V "PEARL" has arrived at the outer anchorage of Tianjin Xingang, the captain want to communicate with the agent about the ship's arrival situation and the berthing schedule. Please make a VHF radiotelephone communication with the captain.

Task Implementation

1. Learn how to use VHF radiotelephone

VHF (Very High Frequency) radiotelephone is a way of transmitting information in the range of effective communication distance by using the characteristics of the ultrashort wave linear propagation. It has the advantages of stable signal, large communication capacity, strong reliability, clear sound quality and so on.

VHF radiotelephone is a frequently used communication tool when the ship reaches the anchorage and the captain needs to contact the ship's agent. The agent should understand some basic knowledge of radio communication and master some terms in common use of VHF radiotelephone communication, as shown below.

calling   呼叫

over   我讲完了

out   结束通话

this is   这里是

please spell   请拼写

go ahead   请继续讲

say again   请再说一遍

roger   收到,明白,知道了

stand by   等着,守听

interruption   干扰

correction   纠正,更正

mistake   错误

repeat   重复

affirmative (yes)   对的,正确

negative (no)   错的,不对

How do you read me?   您听得清吗?

In general, when a ship's agent needs to use the VHF radiotelephone and tunes the channel to the specified call or call channel, do not immediately call, pay attention to listening for a while, and make sure that no one else uses the channel before starting the call.

When the ship asks for help or the relevant institution is engaged in emergency rescue call, the ship's agent must make the channel voluntarily, not to occupy the channel of emergency rescue.

2. Know well about the radio telephony spelling alphabet

Because of the frequent use of code language in VHF radiotelephone communications, the ship's agent should memorize the radio telephony spelling alphabet, as shown in Table 2.1.

Table 2.1   Radio Telephony Spelling Alphabet

Letter	Word to be used	Spoken as	Letter	Word to be used	Spoken as
A	Alfa	Alfah	S	Sierra	See Alrrah
B	Bravo	Brah Voh	T	Tango	Tang Go
C	Charlie	Char Lee	U	Uniform	You Nee Form
D	Delta	Dell Tah	V	Victor	Vik Tah
E	Echo	Eck Oh	W	Whiskey	Wiss Key
F	Foxtrot	Foks Trot	X	X-ray	Ecks Ray
G	Golf	Golf	Y	Yankee	Yang Key
H	Hotel	Hoh Tell	Z	Zulu	Zoo Loo
I	India	In Dee Ah	0	Nadazero	Nah-Dah-Zay-Roh
J	Juliett	Jew Lee Ett	1	Unaone	Oo-Nah-Wun
K	Kilo	Key Loh	2	Bissotwo	Bees-Soh-Too
L	Lima	Lee Mah	3	Terrathree	Tay-Rah-Tree
M	Mike	Mike	4	Kartefour	Kar-Tay-Fower

（续表）

Letter	Word to be used	Spoken as	Letter	Word to be used	Spoken as
N	November	No Vember	5	Pantafive	Pan-Tah-Five
O	Oscar	Oss Cah	6	Soxisix	Sok-See-Six
P	Papa	Pah Pah	7	Setteseven	Say-Tay-Seven
Q	Quebec	Keh Beck	8	Oktoeight	Ok-Toh-Ait
R	Romeo	Row Me Oh	9	Novenine	No-Vay-Niner

3. Make a VHF radiotelephone communication with the captain

The following VHF conversation between the captain and the agent is for reference learning.

Captain："Sunlight"，"Sunlight"，"Sunlight"，this is motor vessel"PEARL"calling, do you read me? Over.

Agent："PEARL"，"PEARL"，"PEARL"，this is"Sunlight"replying. Is that Captain speaking? Over.

Captain：Yes, this is Captain John speaking. May I speak with my agent? Over.

Agent：Roger, please wait a moment.

Agent：Motor vessel"PEARL"，"Sunlight"is calling. Over.

Captain："Sunlight"，this is motor vessel"PEARL"，go ahead please. Over.

Agent：Captain John, good morning and welcome to Xingang. This is Chen speaking. I am your agent and will look after your good vessel during her stay in Tianjin Xingang. Can you please let me know anchor time and anchor position? Over.

Captain：Good morning, Mr. Chen. It's very nice to talk with you. My anchor time was 06：45 hours this morning and anchor position is 39 degree 01 minute 25 seconds latitude and 119 degrees 02 minutes 30 seconds longitude. Over

Agent：Roger, anchor time was 06：35 hours. Over.

Captain：Negative, my anchor time was 06：45 hours, I repeat：06：45 hours. Nadazero, Soxisix, Kartefour, Pantafive. Over.

Agent：Sorry, Captain, by interference, I cannot read you well. Can you please change to channel 9? Over.

Captain：Roger, shifting to channel 9. Over.

Captain："Sunlight"，"PEARL"is calling. Over.

Agent："PEARL"，this is Sunlight Chen speaking. Your anchor time was 06：45 hours. I repeat 0645 hours, is that correct? Over.

Captain：Affirmative, 06：45 hours. Over.

Agent：Could you please give me your anchor position again by bearing and distance from the Da Gu Lighthouse? Over.

Captain：Roger, I will call you back 5 minutes later to give you the position on channel 9. Over.

Agent: Roger, standing by on channel 9. Over and out.

Captain: Out.

(5 minutes later)

Captain: "Sunlight", "Sunlight", "PEARL" is calling. Over.

Agent: "PEARL", this is Chen from Sunlight replying, go ahead please. Over.

Captain: My anchor position is bearing 230 degrees and 4.5 miles from Da Gu Lighthouse. Over.

Agent: All right, I got it. It is 4.5 miles from Da Gu Lighthouse with bearing 230 degrees. Over.

Captain: Yes. That's right. By the way, when will my ship get alongside? Over.

Agent: The berthing schedule is not fixed yet. The berthing plan will be announced at 11 o'clock every morning. Please keep watch on channel 16. Over.

Captain: We will stand by all the time on channel 16. Please call us when berthing schedule being fixed. Over and out.

Agent: Out.

New Words and Expressions

1. motor vessel   内燃机船(同 M/V)
2. anchor position   锚位
3. bearing   方位
4. lighthouse   灯塔
5. get alongside   靠泊,靠岸
6. berthing schedule   靠泊计划
7. keep watch on   关注

Section Two   Conducting Import Formalities for a Ship

Objectives

1. Master the procedures and relevant parties for conducting import formalities of ships.

2. Know well about the documents for the import declaration of ships.

3. Understand the conversation between the agent and the captain about import formalities.

Task

M/V"PEARL" calls at Tianjin Xingang as scheduled, she needs to go through the import formalities and prepare for loading. In order to smooth the import procedures, please know well about the procedures and documents for conducting import formalities and make a good communication with the captain.

Task Implementation

1. Figure out the procedures and relevant parties for conducting import formalities of ships

On entering the first port of call in china, the master must, as a usual practice, produce to the customs boarding officer a clearance form the last foreign port. The customs officer will require copies of ship's stores declaration, crew list, crew effects declaration and cargo manifest. He may also inspect ship's Chinese tonnage dues certificate as well as other certificates regarding the ship and equipment, then seal up excess cigarettes, spirits and some other goods of high duty value. This routine procedure carried out for an arrived foreign vessel is referred to as going through the customs formalities.

Another routine procedure is immigration inspection. The immigration officer usually comes on board soon after docking or anchoring. He may require copies of crew list and inspect the seaman's books of all crew go ashore. In that case, shore passes are issued by the immigration officer after the master fills up the application form, and will be collected and returned to the immigration officer before sailing.

The quarantine officer, sometimes called the sanitary or health officer, also boards the vessel for the routine quarantine inspection. He will see the De-ratting certificate and vaccination certificate of the crew, and then ask the master to fill out a maritime declaration of health to ensure that no infectious diseases are brought into the country. Only when all the above routine procedures of inspection wind up, can the crew go ashore and cargo operations begin.

2. Make a good communication with foreign captain about import formalities

The following conversation between ship's agent and captain about the import formalities is for reference learning.

Agent: May I come in?

Captain: Yes, please.

Agent: Are you the captain of the ship?

Captain: Yes, you're right.

Agent: Nice to see you, Captain. I'm the boarding agent from Sunlight Shipping Agency.

Captain: Good, happy to know you. Please sit down, Agent.

Agent: Thank you, my name is Guo, and here's my calling card.

Captain: All right, thanks.

Agent: Well, Captain, is this your first visit to China?

Captain: This is correct, and I do need your assistance while my ship's in the port.

Agent: No problem at all. As your agent, I will provide you with all the necessary help to make the loading operation of your ship smooth.

Captain: That's very kind of you. By the way, would you like something to drink, perhaps coffee or tea?

Agent: Tea, please, thank you.

Agent: Well, captain, here are some forms for you to complete the customs declaration, a maritime declaration of health and so on. There are for different official departments, such as Customs Office, Inspection and Quarantine Service and the like.

Captain: All right, but should I do them?

Agent: You can fill in all the blanks one by one, but you have to do them carefully and correctly.

Captain: Since this is my first time in China, I am unclear how to fill them in. Do you think you might do it instead of me?

Agent: That's OK.

Captain: Thank you very much.

Agent: Not at all.

Agent: Captain, I've completed all these forms, and I'll send them off for you. But before that, would you please tell me something about your arrival condition?

Captain: Of course, here it is.

Agent: OK, thanks. Well, is there anything else you'd like me to do for you?

Captain: Yes, we need to take about 200 tons of fresh water, 380 tons of fuel oil and 80 tons of light diesel oil. One of the crew will go to see a doctor tomorrow morning, and the ship chandler is needed to supply some provisions. Oh, yes, I must apply to have a new Tonnage Dues Certificate for 30 days.

Agent: Good, I have taken them down one by one, I will manage to arrange them in time. Some other things now?

Captain: No, that's all, Agent.

Agent: If so, now I am leaving to see some officials.

Captain: OK, thank a lot, see you later.

Agent: See you later.

New Words and Expressions

1. boarding agent　登轮代理
2. Maritime Declaration of Health　航海健康申报书
3. Customs Office　海关
4. Inspection and Quarantine Service　检验检疫局
5. calling card　名片
6. arrival condition　船舶抵港状况
7. Tonnage Dues Certificate　吨税证书
8. fresh water　淡水
9. light diesel oil　轻柴油
10. ship chandler　外供人员(船舶用品供应商)
11. provisions　伙食

3. Submit the import declaration documents for ships

For the foreign ships coming from foreign ports, the import declaration documents required to be submitted are shown in Table 2.2.

Table 2.2　Documents for the Import Declaration of Ships

	Maritime Bureau	Customs	Immigration Inspection	Inspection and Quarantine Bureau
General Declaration	√	√	√	√
Crew List	√	√	√	√
Cargo Declaration	√	√		√
Ship's Particular	√			
Import Manifest		√		√
Application for Tonnage Dues Certificate/ Tonnage Dues Certificate		√		
Customs Declaration Form for Ships Entering P. R. China		√		
Ship's Stores Declaration		√		√
Crew's Effects Declaration		√		
Maritime Declaration of Health				√
Passenger List	√	√	√	√
Dangerous Goods Declaration	√			
Sea Protests	√			

Section Three   Notice of Readiness

Objectives

1. Know well about the concept and function of the Notice of Readiness.

2. Master the conditions for the effective tendering of the Notice of Readiness.

3. Understand the conversation between the agent and the captain about the Notice of Readiness.

Task

M/V"PEARL"has arrived at Tianjin Xingang and is ready for loading. The captain wishes to tender the Notice of Readiness as soon as possible. As the ship's agent, please properly handle the tendering and acceptance of the Notice of Readiness.

Task Implementation

1. Know well about the Notice of Readiness

Notice of Readiness is referred to as NOR or N/R or N. O. R., which is a written notice to the charterer or freight forwarder that the ship has arrived at the loading/discharging port and has been prepared for the loading/discharging operation.

The following contents are generally stated in the notice.

(1) The exact date and time of the ship's arrival at the port or proper berthing stipulated in the charter party.

(2) The ship is ready for loading/discharging in all aspects.

(3) Emphasizing the calculation of laytime in accordance with the provisions of the charter party.

(4) The tendering and acceptance date and time of the NOR.

The commencement time of loading/discharging is based on the acceptance time of the NOR. The NOR is not only the notice of loading/discharging readiness, but also the basis for calculating the laytime in the voyage charter. It is of great significance to the reasonable division of the economic interests and responsibilities of the shipowner and the charterer.

2. Check whether the NOR is in compliance with the conditions for effective tendering

Generally speaking, the following conditions must be met before a NOR is tendered.

（1）The ship has arrived at the place stipulated in the charter party.

（2）The ship is ready for loading/discharging in all aspects.

（3）The tendering time of NOR is within the time stipulated in the charter party.

After receiving the notice sent by the captain, the agent shall check whether the NOR is in compliance with the above conditions for effective tendering. The following conversation between ship's agent and captain about the NOR is for reference learning.

Agent: Hello, Captain, good afternoon.

Captain: Hi, Agent, good afternoon.

Agent: Captain, have you got the Notice of Readiness for your loading ready? If so, let's sign is now.

Captain: Of course, here it is, we can do it now. The acceptance time for it, I think, should be 1 o'clock this afternoon.

Agent: Just a moment, Captain, let me have a look first…Well, Captain, are all the holds for loading clean?

Captain: Yes, they are.

Agent: Did all the cargo holds pass the inspection of cleanliness by the cargo surveyor?

Captain: Sorry, I am not sure about that. Let me ask my Chief Officer…Hello, Chief, this is captain speaking, did we pass the cargo hold inspection of cleanliness?

C/O: Oh, captain, not yet. I am waiting for the cargo surveyor to inspect holds this afternoon.

Captain: Clear, thanks. Well, Agent, sorry, but it's not yet finished.

Agent: I see. In that case, we have to get the cargo surveyor to complete the hold inspection soonest. The ship's charterer faxed us that only after the inspection of cargo hold cleanliness is completed, can the agent sign the Notice of Readiness for loading.

Captain: OK, I see. Please ask the surveyor to do it as rapidly as possible and we'll sign the N. O. R. afterwards.

（Knocking at the door of Captain's cabin）

Agent: Hello, Captain, this is your agent, I am back now. May I come in?

Captain: Yes, Agent, please come in and sit down there. Would you like some coffee or perhaps a soft drank?

Agent: Some coffee, please.

Captain: All right, I'll ask my boy to prepare it for you.

Agent: Captain, has the hold inspection been passed?

Captain: Yes, Agent, that's already ended. It passed at 16:30 hours this afternoon.

Agent: That's good. By the way, did the surveyor give you the inspection certificate?

Captain: Yes, here it is.

Agent: Thank you, let me have a look … Well, is everything on your side ready for loading now?

Captain: Yes, Agent, it's just the right time.

Agent: Very good. Now, on one hand, I am going inform the stevedoring department to start the loading as soon as possible, on the other hand, we both sign the N. O. R. at this time.

Captain: Perfect, thank you for this good arrangement.

Agent: You're certainly welcome. Shall we go for it now?

Captain: Sounds good, let's do it.

New Words and Expressions

1. cargo hold　货舱
2. Chief Officer　大副
3. inspection of cleanliness　清洁检验
4. cabin　船舱
5. cargo surveyor　商检人员
6. stevedoring　码头装卸

3. Sign the NOR

In practice, the shipowner usually delivers the NOR to the charterer or freight forwarder through the shipping agency. Therefore, ship's agent is often required to sign the NOR. However, the agent's signature does not mean acceptance. It is just the fact that the shipowner tried to deliver it through the agent.

The agent can generally clarify responsibilities by using remarks and Indicating the identity of the ship's agent. The remarks may be "Notice of Readiness is to be tendered and accepted as per relevant agreement" or "Notice of Readiness tendered at ×　×　×　× hours on ×　×　×　×　×　×　×　× and shall be accepted as per relevant C/P, contract or agreement". And, the words indicating the identity of the ship's agent may be "As ship's agent" or "As agent for ×　×　×　×".

Generally speaking, the captain often requires agents to prepare the form of the NOR. The following is a form of NOR.

Tianjin, 19th March, 2018

TO: Tianjin Sunlight Shipping Agency Co., Ltd.

NOTICE OF READINESS

Dear Sirs,

Please be advised that M. V. PEARL arrived at Tianjin Xingang at 16:35 hours on 19th March, 2018 and the free pratique was granted at 09:30 hours 20th March, 2018. Now she is in all respects ready to commence loading her cargo iron ore in bulk in accordance with terms, conditions and exceptions of the relevant charter party.

Notice of Readiness tendered at 09:50 hours 20th March, 2018.

Master: _____

Of M. V. PEARL

Notice of Readiness accepted at 09：50 hours 20th March,2018.

As agent：_____

For and on behalf of Receiver

Section Four　Arrival Report

Objectives

1. Master the content of the arrival report.

2. Know well about the common terms used in the arrival report.

3. Learn how to write an arrival report.

Task

M/V"PEARL"has arrived at Tianjin Xingang,her owner wants to know about the condition of ship's arrival. Please write an arrival report and sent it to the shipowner Victory Shipping Company.

Task Implementation

1. Understand the content of the arrival report

After the ship arrived at the port,the ship's agent should send the report to the ship company in time (not later than half working days). The main contents of arrival report should include：time on ship's arrival,time of Notice of Readiness tendered,ROB FO/DO/FW,ROB ballast water,draft forward/after,ETB/ETD,estimated time of commencement loading/discharging,etc.

2. Know well about the common terms used in the arrival report

NOR = Notice of Readiness　装卸准备就绪通知书

ETB = Estimated Time of Berthing　预计靠泊时间

ETD = Estimated Time of Departure　预计离港时间

FO = Fuel Oil　重油(燃油)

DO = Diesel Oil　轻油(柴油)

FW = Fresh Water　淡水

ballast water　压舱水(压载水)

ROB = Remaining of Balance　剩余存量

draft fore　艏吃水,船首吃水

draft aft　艉吃水,船尾吃水

weather forecast   天气预报

3. Write an arrival report and sent it to the shipping company

Arrival Report of M/V PEARL

Dear Sirs,

Good day!

Please kindly be advised the berthing report of the above vessel as follows:

– Vessel arrive at Tianjin Xingang at 1635hrs/19th/Mar.

– Notice of Readiness was tendered at 0950hrs/20th/Mar.

– Arrival condition:

FO ROB = 505. 2 MT

DO ROB = 36. 7 MT

FW ROB = 83 MT

Ballast Water ROB = 18,032. 6 MT

Draft fore/aft = 6. 50M/7. 93 M

– Vessel's ETB try 1000hrs/21st/Mar.

– The expected time of commenced loading at 1800hrs/21st/Mar.

– Vessel's ETD try 2000hrs/23rd/Mar.

Weather forecast:

Cloudy, Northwest Wind 3 ~ 4, Temp. 8 ~ 0℃

Best Regards,

Operation Dept.

＊＊＊＊＊＊＊＊＊＊＊＊＊＊＊＊＊＊＊＊＊＊＊＊＊＊＊＊＊＊＊＊＊＊

Tianjin Sunlight Shipping Agency Co.,Ltd.

Chapter Three

During Ship's Stay in Port

Section One   Berthing Report

Objectives

1. Master the contents of the berthing report.
2. Know well about the terms used in the berthing report.
3. Learn how to write a berthing report.

Task

Following the arrangement of port control, M/V "PEARL" heaved up anchor, proceeded and berthed alongside Xingang berth G26. Please write the berthing report and send it to Victory Shipping Company.

Task Implementation

1. Understand the content of the berthing report

After the ship berthed, the shipping agent should send the berthing report to the shipping company in time. The main contents of berthing report should include: pilot boarding time, time of heavy up anchor, time of first line ashore, time of all fast, ROB FO/DO/FW, draft forward/middle/after, expected time of commencement loading/discharging, ETD, etc.

2. Know well about the common terms used in the berthing report

anchor up   船舶起锚

pilot on board   引航员登轮

made fast   紧系缆绳

first line ashore   第一根缆绳上岸

all fast   船舶靠妥

boarding agent   登轮代理

time of commencement loading/discharging   装/卸货开始的时间

3. Write a berthing report and sent it to the shipping company

Berthing Report of M/V PEARL

Dear Sirs,

Good day!

Please kindly be advised the berthing report of the above vessel as follows:

- Pilot on board at 1020hrs/21st/Mar.

- Vessel anchor up at 1040hrs/21st/ Mar.

- First line ashore at 1205hrs/21st/ Mar.

- All fast, vessel berthed alongside of berth G26 at 1235hrs/21st/ Mar.

- Berthing condition:

  FO ROB = 468. 5 MT

  DO ROB = 36. 7 MT

  FW ROB = 50. 3 MT

  Draft fore/aft = 6. 15 M/7. 66 M

- The expected time of commenced loading at 2000hrs/21st/Mar.

- Vessel's ETD try 2100/23rd/Mar.

- Vessel's boarding agent Mr. Liu 136 × × × × × × .

Weather forecast:

Fair, South Wind 3 ~ 4, Temp. 16 ~ 3 ℃

Best Regards,

Operation Dept.

＊＊＊＊＊＊＊＊＊＊＊＊＊＊＊＊＊＊＊＊＊＊＊＊＊＊＊＊＊＊＊＊＊＊＊

Tianjin Sunlight Shipping Agency Co.,Ltd.

Section Two   Make Out a Laytime Statement of Facts

Objectives

1. Understand the content of the Laytime Statement of Facts.

2. Know well about the terms commonly used in the Laytime Statement of Facts.

3. Be able to make out a Laytime Statement of Facts.

Task

After M/V"PEARL"loaded 55,000 metric tons of iron ore in Tianjin Xingang,she sailed for the next port. Please make out the ship's Laytime Statement of Facts and sent it to Victory Shipping Company.

Task Implementation

1. Understand the content of the Laytime Statement of Facts

Laytime Statement of Facts is referred to as SOF,which is a detailed record of ship's laytime. It usually starts from ship's arrival at pilotage anchorage until the loading or discharging is completed. It's contents generally include the name of ship,the type and quantity of cargo,and related situation occurs during ship in port,such as the time of ship's arrival,the time of NOR tendered and accepted,the time of pilot on board,the time of berthing,the commencement and completion time of loading/discharging,the reason for the loading/discharging suspended,etc.

2. Figure out the requirements of making out a SOF

SOF is usually made out by ship's agents,and signed by the captain,the charterer or the freight forwarder. The ship's agent should check the working time,non-working time and completion time with the port control and captain every day. The record of SOF should be continuous and uninterrupted. Once the SOF has been completed,the ship's agent should sign it with the captain,and submit two copies to the captain,fax to the shipping company and file it.

3. Know well about the common terms used in the SOF

This term is for reference when the ship's agent makes the SOF.

Ⅰ. Ship's arrival 船舶抵达

（1）arrived and anchored at the pilot anchorage 抵达并锚泊在引水锚地

（2）anchored at the quarantine anchorage 抵达检疫锚地

（3）waiting for pilot 等候引航员

（4）waiting quarantine inspection 等候检疫

（5）quarantine inspection conducted 进行检疫

（6）free pratique granted 检疫通过

（7）waiting high tide for entry 等高潮进港

（8）waiting for entry（inward）formalities 等候办理进口手续

Ⅱ. Preparation for loading/discharging 装卸准备

（1）waiting for berth 等候泊位

（2）prepare for loading/discharging 准备装卸

(3) first opening & final closing of hatches   首/末次开舱盖

(4) rigging derricks   整理吊杆

(5) cleaning cargo holds(by crew/shore laborers)   (船员/工人)清舱

(6) dunnaging cargo holds   铺垫舱

(7) water tight testing   水密检验通过

(8) erecting rain tents   搭雨篷

(9) taking off rain tents   拆雨篷

(10) erecting/Dismantling shifting boards   搭/拆防动板

(11) inspecting cargo holds by cargo surveyors   商检人员验舱

(12) inspection of cargo holds not passed   验舱不合格

(13) inspection of cargo holds passed   验舱合格

Ⅲ. Loading/discharging operation   装卸作业

(1) loading/discharging commenced   开始装卸

(2) loading/discharging continued   继续装卸

(3) loading/discharging under rain tents   在雨篷下装卸

(4) loading/discharging completed   装卸完毕

(5) determining cargo quantity on board by draft surveyor   水尺公估

(6) (special)trimming of cargo   (特殊)平舱

(7) sweeping holds   扫舱

Ⅳ. Laytime   装卸时间

(1) Notice of Readiness tendered   递交准备就绪通知书

(2) Notice of Readiness accepted   接受准备就绪通知书

(3) time commenced to count   开始计算时间

(4) time not to count as per C/P   按租约不计时间

(5) time not to count on Sunday   星期日不计时间

(6) time not to count on holidays   节假日不计时间

(7) Saturday afternoon,time not to count   星期六下午不计时间

(8) Monday time not to count before 8 AM   星期一 8:00 前不计时间

(9) time for cooling the motor of sucker   冷却吸扬时间

(10) time not to count for loading/discharging heavy lifts   装卸重货不计时间

(11) loading/discharging under rain tents,time not to count   雨篷下装卸不计时间

(12) loading/discharging resumed   恢复装卸

(13) loading/discharging suspended   暂停装卸

Ⅴ. Suspension of loading/discharging   装卸中断

(1) Loading/discharging suspended owing to rain   因雨停工

(2) Loading/discharging stopped due to shower   因阵雨停工

(3) Loading/discharging stopped due to intermittent rain   因间断下雨停工

(4) suspended loading/discharging suspended owing to precaution against rain   因防止下雨而停工

（5）loading/discharging suspended owing to dense fog　因浓雾停工

（6）loading/discharging suspended owing to snow　因雪停工

（7）loading/discharging suspended due to heavy surf/swell　因大浪/巨涌停工

（8）loading/discharging stopped due to strong wind/typhoon　因大风/台风停工

（9）loading/discharging suspended due to the typhoon alarm　因台风警报停工

（10）typhoon alarm released　台风警报解除

（11）loading/discharging suspended owing to the bad weather　因坏天气停工

（12）loading/discharging suspended owing to tide flooding over the wharf　因潮水上码头停工

（13）loading/discharging suspended due to sweeping snow　因扫雪停工

（14）shifting to… for taking shelter against typhoon/storm　移至……避风

（15）loading/discharging suspended in hatch No.×due to winch trouble　×号舱因绞车故障停工

（16）loading/discharging suspended in hatch No.×owing to cargo runner trouble　×号舱因吊货钢丝故障停工

（17）loading/discharging stopped due to suspension of ship's power supply　因船舶停电停工

（18）suspended loading/discharging owing to pump trouble　因油泵故障停工

（19）loading/discharging suspended owing to adjusting ship's draft　因调整船舶吃水停工

（20）suspended loading/discharging suspended owing to revising stowage plan　因修改积载图而停工

（21）waiting for railway wagons　等火车车皮

（22）waiting barge/lighter　等驳船

（23）waiting for shifting　等移泊

（24）waiting for instruction from charterers　等租家指示

Ⅵ. Ship's dynamic　船舶动态

（1）heaved up（weighed）anchor and Proceeding to berth for loading/discharging　起锚并驶往装/卸泊位

（2）proceeded & berthed alongside wharf No.×　驶靠第×号码头

（3）shifting from buoys to loading/discharging berth　从浮筒移至装/卸泊位

（4）moored at buoys No.×　船系×号浮筒

（5）failed to enter owing to…　因……不能进港

（6）turned back to anchorage owing to…　因……返回锚地

（7）berthing alongside to berth No.×　靠往×号泊位

（8）berthed alongside to berth No.×　靠妥×号泊位

（9）failed to enter due to missing high tide　因错过潮水而未能进港

（10）berthed alongside and all（lines）fastened　靠妥且缆绳全部系紧

（11）shifting berth　移泊

（12）preparation for shifting berth　准备移泊

（13）waiting for shifting berth　等候移泊

（14）shifting to the anchorage for taking shelter against typhoon　移至锚地避台风

（15）moving forward/after × meters alongside the wharf　在泊向前/向后移动×米

Ⅶ. Fumigation　熏蒸

（1）cargo fumigation as per surveyor's notice　商检人员口头通知熏蒸

（2）cargo fumigation as per surveyor's official order　商检人员正式通知熏蒸

（3）shifting from wharf No.× for fumigation　从×号码头移泊熏蒸

（4）preparation for fumigation　准备熏蒸

（5）fumigation commenced　开始熏蒸

（6）fumigation conducted　实施熏蒸

（7）fumigation completed　熏蒸结束

（8）hatches opened for releasing poisonous gas from cargo holds　开舱散毒

Ⅷ. Tanker loading/discharging　油区装卸

（1）connecting hose pipes　接油管

（2）disconnecting hose pipes　拆油管

（3）tanks surveying　验舱

（4）pumping commenced　开泵

（5）loading/discharging suspended owing to pump trouble　因泵故障停工

（6）pumping completed　停泵（完工）

（7）blowing hose and pipe lines　清扫管线

（8）disconnecting hose pipes　拆管线

（9）taking ballast water　打压载水

（10）taking ullage of oil tanks　量舱（量空距）

（11）stripping oil tanks　扫舱底

Ⅸ. Regional idiom for storms　对风暴的区域性习惯称呼

（1）typhoon　台风（东亚及东南亚）

（2）monsoon gales　季风风暴（北印度洋）

（3）cyclone　气旋（南印度洋、南太平洋）

（4）tropical storms　热带风暴（赤道地区）

（5）hurricane　飓风（墨西哥湾）

（6）storms　风暴（其他地区）

4. Make out the SOF

Tianjin Sunlight Shipping Agency Co., Ltd.

LAYTIME STATEMENT OF FACTS

Tianjin,23rd Mar. ,2018

M. V. PEARL VOY. 815

Loading 55,000 metric tons of iron ore in bulk

Notice of Readiness was tendered at 09:50hrs/20th/Mar.

Notice of Readiness was accepted at 09:50hrs/20th/Mar.

There are 5 hatches on board of this ship.

Hatches worked in this port No. 1~5 only.

Date	Day of week	From	To	Description
Mar. 19th	Mon.		16:35	Sub vessel arrived Xingang pilot anchorage
		16:35	24:00	Waiting for quarantine inspection
Mar. 20th	Tue.	00:00	08:00	Waiting for quarantine inspection
		08:00	09:50	Quarantine inspection carried out and free pratique was granted. NOR was tendered and accepted
		09:50	24:00	Waiting for berth
Mar. 21st	Wed.	00:00	10:20	Waiting for berth
		10:20	10:40	Pilot on board. Vessel anchor up and proceeding to berth G26 of Xingang
		10:40	12:05	First line ashore
		12:05	12:35	All fast. Berthed alongside berth G26 of Xingang
		12:35	14:10	Initial draft survey was carried out
		14:00	19:00	Prepared for loading
		19:00	24:00	Loading commenced and then continued
Mar. 22nd	Thu.	00:00	11:30	Loading continued
		11:30	16:00	Loading suspended due to strong wind
		16:00	24:00	Loading resumed and then continued
Mar. 23rd	Fri.	00:00	21:15	Loading completed
		21:15	22:20	Final draft survey was carried out
		22:20	22:50	Pilot on board
		22:50	23:35	Vessel sailed from Xingang to the next port

MASTER'S SIGNATURE.   AS AGENT ONLY

Section Three   Agent Services

Objectives

1. Understand the agent services.

2. Know well about how to arrange for a ship to take water and oil.

3. Know well about how to arrange replacement for seaman.

Task

M/V"PEARL"needs to take bunker, fresh water, and replace the crew members at Tianjin Xingang. Please simulate the ship's agent, arrange for the ship to take water and Oil, and replacement for seaman.

Task Implementation

1. Understand the agent services

The agent services encompass port formalities, arranging for fuel and provisions, handling official shipments to and from the ship, and assisting person joining and leaving the ship, including procurement of tickets and reservations when required. While, the agent are normally very friendly and helpful. Generally, in addition to arranging the declaration, pilotage, berthing and stevedoring of the ship, the agent can also provide the following services.

(1) Arranging supply of bunkers, fresh water, provisions, stores.

(2) Arranging replacement, repatriation and medical treatment for seaman.

(3) Arranging marine survey, ship's repairs and fumigation, cleaning and sweeping of cargo holds.

(4) Applying for a new tonnage dues certificate for the ship.

(5) Applying to pump out ballast water.

(6) Applying for supervision of loading/discharging, measuring of cargo.

(7) Subject to authorization, signing bills of lading on behalf of carriers.

(8) Attending to marine casualties, to arrange for maritime salvage, cargo tracing/claims and disposal of overload cargo.

(9) Attending to delivery/redelivery and off-hire/on-hire of the ship, signing charter parties and purchase/sale contracts.

2. Arrange for the ship to take water and oil

(1) Upon receipt of the entrusting party/captain's application for taking oil and fresh water to the ship, the ship's agent should make a plan with the captain according to the time when the ship is in port.

(2) The agent should contact the supplier to determine the quantity and time of taking oil and fresh water to the ship.

(3) The agent should declare to the customs for refueling, and the declaration shall include: time and place of refueling, name and nationality of ship, quantity and type of fuel.

（4）Before the refueling operation, the oil barge should apply to the marine department for declaration formalities through the ship's agent, and the ship's refueling operation may be carried out after approval.

（5）Specify which party pays for the charge.

（6）Monitoring ship's refueling process to prevent oil spill and other accidents during refueling.

The following is the conversation between the agent and the captain about arrangement for the ship to take water and oil.

Agent: (Knocking at the door) May I come in?

Captain: Yes, come in, please. Oh, it's you, Agent Zhao, very happy to see you here again.

Agent: Likewise, Captain. The time has flown so fast since your ship left here a few weeks ago. How about this voyage, did everything go smoothly? And any bad weather or rough sea?

Captain: In general, it was stealing, we only had rough sea for a few hours, it didn't matter at all.

Agent: Very good. Well, Captain, we received the Email you sent two days ago. You mentioned that you would take some fresh water, fuel oil and diesel oil here in the port, is that correct?

Captain: That's correct. I'd got instructions to take them here from my charterer before l sent you that E-mail.

Agent: I see. You mentioned you would take 180 tons of fresh water, 360 tons of fuel oil and 80 tons of light diesel oil. Is there any change to that now?

Captain: Well, no change at all.

Agent: OK, clear. Captain, what time do you think the oil barge can come alongside you ship to supply the oil for you?

Captain: In my opinion, a few hours before our departure. Well, Agent, when do you imagine that the discharge well be completed?

Agent: I suppose approximately 11 o'clock tomorrow morning if all goes smoothly.

Captain: OK, let's say tomorrow afternoon.

Agent: All right, settled, tomorrow afternoon. What about the fresh water? What time is better?

Captain: Any time. For instance, this afternoon or tomorrow morning.

Agent: I would rather say tomorrow morning for the waterboat is quite busy this afternoon.

Captain: Never mind, 9 o'clock tomorrow morning.

Agent: Good, tomorrow morning 9 o'clock.

Captain: No problem.

Agent: Please make sure your carpenter gets everything ready before your ship takes the water. And when the waterboat comes alongside your ship, two seamen are needed to take the line for the waterboat on deck, so that the work will be done quickly and smoothly.

Captain: Yes, that's fine.

Agent: Besides, before the oil barge comes to your ship, your third engineer has to get everything ready for taking on the oil. For example, check the oil quantities in the tanks concerned, open all the valves to be used correctly before hand and block all the drain holes on deck to keep the oil from overflowing down into the sea carelessly. At the same time, please have some sawdust ready in case of an emergency.

Captain: Oh, my friend, by hearing your words, I would like to say that you are not an agent, but a much experienced engineer working on board my ship, you are aware of everything about this business.

Agent: Well, that is an exaggeration, but thank you just the same. Now Captain, another two important points: One is when the oil barge nears to your ship, your third engineer is needed to show the oil barge the correct position where your filling pipes are, so that the oil barge can berth better. The other one is, before the pumping starts, both parties, I mean your third engineer and the calculator from the oil barge, should take the soundings for the check of oil quantities on both your ship and the oil barge. You see, this is a very important and necessary step which can usually avoid the potential dispute on the quantity between two parties at the time of signing the receipt. Because some ships used to have such trouble before, you know.

Captain: Well, it's very kind of you to remind us of this situation. I'll make sure of these points. Great thanks for your reminder.

Agent: Hmm, Captain, the last thing. If you'd like to take a sample from the oil barge before pumping. You're welcome to do so. It's up to you.

Captain: Yes, that's important for us. I'll pass all you have told me to my third engineer. Thank you very much for help once again.

Agent: It's my pleasure. We are good friends and I'm happy to be of service to you. Assuming that have nothing else now, Captain, I'll go to the other ship. Good bye.

Captain: OK, Agent, see you next time.

New Words and Expressions

1. rough sea   大风浪
2. oil barge   油驳
3. waterboat   供水船
4. carpenter   木匠
5. take the line for waterboat   为供水船带缆
6. third engineer   三管轮
7. oil tank   油舱
8. valve   阀门
9. drain holes   排水孔
10. sawdust   锯末

11. emergency　紧急情况,突发事件

12. filling pipe　加油管

13. pumping　泵油

14. take the soundings for...　测量……

15. potential　潜在的

3. Arrange the replacement for seaman

（1）Upon receipt of the application from entrusting party for replacement of crew members, in order to declare to the customs, the ship's agent should ask the captain for information or photocopies of the crew members.

（2）Get knowledge of the arrangement of crew management company for the replacement of crew members.

（3）Arranging the crew be signed off and signed on.

（4）Tracking the movements of the crew be signed off and signed on.

（5）Reporting to the shipowner about the arrangement results promptly.

The following is the conversation between the agent and the captain about arranging the replacement for seaman.

Agent：Hello, Captain, has everything been going well?

Captain：Yes, thank you. Take a seat here, please. Agent, have you heard that some of our crew will be signed off and others will be signed on?

Agent：You're right, here is a fax from your crew management company just saying that. But do you know how many will be signed in?

Captain：Well, I had a phone conversation with the head of that company after my receiving the same fax you got. I was told that perhaps 3 people are off and the same number on, he said that he would send me and my agent another fax with the final decision later today.

Agent：All right, if so. Let's keep an eye on it. Oh, Captain, since we'll do the replacement sooner or later, we had better make preparations beforehand, do you agree with me?

Captain：Certainly, Agent, I quite agree with you. What exactly are the things I should be preparing for the change?

Agent：Well, the following thing might be helpful for the job：

（1）You, as the ship's Captain, are requested to write three copies of applications for the replacement with your signature and the ship's stamp on it, one copy for the Immigration Office, another copy for the Police Office and the final one for me.

（2）Please assign the crew some preparation work for the new comers.

（3）Please collect their seaman's books or passports in case the officers need them.

（4）Please advise them to get their own luggages ready for departure.

I think that's all at the present time.

Captain：Excellent, you have stated the procedure very exactly, I'll do it the way you suggest.

Agent：By the way，who will pay the fee for the Immigration Office and the Police Office at last？ You，the crew themselves or your crew management company？

Captain：In my opinion，it is to be paid by the crew management company. In order to make it smoother，I'll put a remark on the payment receipt stating clearly that such fee should be for the account of crew management company.

Agent：Are you quite sure the fee will be paid by that company without any trouble？

Captain：I think so，no problem.

Agent：Very good，we'll send a fax to the crew management company to clarify the thing in advance. So，Captain，I'll return for more detailed discussions with you when I get some information from the crew management company.

Captain：Yes，Agent，I'll be waiting for you. Many thanks for your help.

Agent：OK，see you later.

Captain：Yes，see you again，Agent.

New Words and Expressions

1. sign on　（受雇）上船
2. sign off　（不受雇）下船
3. crew management company　船员管理公司
4. keep an eye on sth.　盯着/留神某事
5. sooner or later　早晚
6. Seaman's Book　海员证
7. payment receipt　付款收据

Chapter Four

Ship's Departure

Section One   Conducting Export Formalities for a Ship

Objectives

1. Master the procedures for conducting export formalities for a ship.
2. Know well about the documents for export declaration.
3. Understand the conversation between the agent and the captain about the export formalities for the ship.

Task

Now, the loading operation of M/V "PEARL" will be completed soon. As the ship's agent, you should conduct export formalities as soon as possible. Please make a good communication with the captain, complete declaration documents and obtain the port clearance.

Task Implementation

1. Make a good communication with the captain about the export formalities

The following conversation between ship's agent and captain about the export formalities is for reference learning.

Agent: Hi, Captain, good afternoon.

Captain: Good afternoon, Agent. Any change for our departure at 23:30 hours today?

Agent: No, everything will go as planned, so all that remains now is the export formality for your ship.

Captain: Very nice, I hope that we can sail without delay.

Agent: Correct, I agree with you. All right, now let's come to the point of our business.

Captain: Yes. I'll do my best to assist you.

Agent: Thanks a lot. Well, Captain, the following things have to be done in order. First, please get all the Seaman's Books ready and I'll take them right away to the immigration office.

Captain: Yes, Agent, here are all the seaman's books, 23 in all, no change.

Agent: Good, would you please tell me when your loading operation was completed?

Captain: Well, I'm sorry, I'm not certain about it. Just a moment, I'll ask my Chief Officer now. (half minute later) Yes, Agent, it was finished at about 21 p. m. this afternoon.

Agent: I see, thank you. Please let me know the total weight of the cargo.

Captain: Oh, that's quite easy. Look, this is a piece of paper which indicates everything you need.

Agent: Great, Captain, you are very cooperative. I'm delighted that you organized everything very well for me in advance.

Captain: You see, I should tell you that my chief had arranged things for me skillfully before you came here.

Agent: Well, he's quite a fine assistant. Now, may I know how many tons of fuel oil, diesel oil and fresh water remaining on board?

Captain: Certainly, 828 tons for F. O., 109 tons for D. O. and 223 tons for F. W.

Agent: Yes, I got it. Well, Captain, here are some shipping documents for you to carry to the next port agent. Would you please put your signature here?

Captain: OK, there it is.

Agent: Now let me confirm with you again, the next port is Kobe Japan, isn't?

Captain: Exactly, Kobe, Japan.

Agent: So, Captain, I'll collect all the Landing Cards of your crew members and hand them to the Immigration Office.

Captain: Good, they're here in each seaman's book, now let me take them out. All right, here they are.

Agent: Thanks. Well, that's all I need, Captain, anything else now?

Captain: Yes, but nothing special, here are some letters from the crew, stamped and ready for mailing. Would you mind?

Agent: With pleasure, let me put them in my pouch. Now I'm off to the Immigration Office, Customs Office, Inspection and Quarantine Service and the Harbour Office to finish your export formality for you ship's departure. About half an hour after, I finish all that, I'll be back here with the port clearance.

Captain: Good, I'll wait for you and hope no problems develop. Meanwhile we'll make final preparations for our ship's sailing.

Agent: All right, see you later then. By the way, the pilot will board your ship about fifteen to 23:00 hours.

Captain: I know, thank you very much, Agent. See you soon.

New Words and Expressions

1. come to the point   言归正传
2. Landing Card   登陆证
3. Immigration Office   边防检查站
4. Harbour Office   港务监督(海事局)
5. Port Clearance   离港证
6. board the ship   登船

2. Submit the export declaration documents for the ship

For the foreign ship sailing to foreign port, the export declaration documents required to be submitted are shown in Table 4. 1.

Table 4. 1   Documents for the export declaration of ships

	Maritime Bureau	Customs	Immigration Inspection	Inspection and Quarantine Bureau
General Declaration	√	√	√	√
Crew List	√	√	√	√
Cargo Declaration	√	√		√
Ship's Particular	√			
Export Manifest		√		√
Ship's Stores Declaration		√		√
Crew's Effects Declaration		√		
Tonnage Dues Certificate		√		
Customs Declaration Form for Ships Exiting P. R. China		√		
Inspection Report of the Ships on International Voyages			√	
Landing Card			√	
Dangerous Goods Declaration	√			
Permit for Loading Dangerous Goods	√			
Sea Protests	√			
Passenger List			√	
Maritime Declaration of Health				√

3. Obtain the Port Clearance

A vessel which has brought any imports or has loaded exports can leave the port only when written permission, known as "Port Clearance". In order to obtain the port clearance, the above documents are required to be submitted to the official departments, such as Maritime Bureau, Customs, Immigration Inspection, Inspection and Quarantine Bureau.

The final clearance of the export formalities of the ship is the examination and approval procedures of the Maritime Bureau. Prior to this, the agent must obtain the ship's export contact list that has been sealed by the Customs, Immigration Inspection, Inspection and Quarantine Bureau. Then, the agent should submit the ship's export contact list and related declaration documents to the Marine Bureau, thereby obtaining the Port Clearance and handing it to the captain before the ship's departure.

Section Two   Departure Report

Objectives

1. Master the content of the departure report.
2. Know well about the terms used in the departure report.
3. Learn how to write a departure report.

Task

M/V "PEARL" has completed the loading and refueling operations in Tianjin Xingang and sailed from Xingang for Kobe. Please write the departure report and send it to Victory Shipping Company.

Task Implementation

1. Understand the content of the departure report

The ship's agent should write the departure report according to the ship's departure data and SOF, then send it to the shipping company in time. The main contents of departure report should include: time of loading/discharging commenced and completed, time on ship's departure, type and quantity of cargo to be loaded on board, ROB FO/DO/FW, draft fore/aft, ETA next port, etc.

2. Know well about the common terms used in the departure report

pls = please   请

Vsl = vessel　船舶

asf = as follows　如下

abt = about　大约,大概

Final Draft Survey　末次水尺计重

calling port　挂靠港

3. Write the berthing report and sent it to the shipping company

Departure Report of M/V PEARL

Dear Sirs,

Good day!

Pls kindly be advised the departure report of above Vsl asf:

– Loading commenced at 19:00hrs/21st/Mar.

– Loading completed at 21:15hrs/23rd/Mar.

– Final Draft Survey completed at 22:20hrs/23rd/Mar.

– Vsl sailed from Xingang at 23:35hrs/23rd/Mar.

– Vsl loaded 55,000 MT iron ore in bulk.

– Departure condition:

　FO ROB = 828.5 MT

　DO ROB = 109 MT

　FW ROB = 223.5 MT

　Draft fore/aft = 10.85 M/11.75 M

– Vsl Supplied FO 360/ DO 80/ FW 180

– Next calling port is Kobe

– ETA Kobe abt 06:00hrs/25th/Mar.

Weather forecast:

Fair, South Wind 2~3, Temp. 20~8℃

Best Regards,

Operation Dept.

＊ ＊

Tianjin Sunlight Shipping Agency Co., Ltd.

Section Three   Voyage Summary

Objectives

1. Understand the work of voyage summary after ship's departure.
2. Be able to make out a trip account.
3. Know about the filing of ship's documentation.

Task

M/V"PEARL" has left Tianjin Xingang smoothly. The shipping agency should complete the work of the voyage summary, such as sending the ship's departure documents to the entrusting party, making out the trip account, filing of ship's documentation. Please complete the above work.

Task Implementation

1. Send the ship's departure documents to the entrusting party

The shipping agency shall send the ship's departure documents and relevant materials to the entrusting party as soon as possible within the effective time. For imported ships, the documents sent mainly include the NOR, SOF and discharging report. For export ships, the documents sent mainly include the NOR, SOF, Mate's Receipt, Authorization Letter, Stowage Plan, Tally Certificate and P&I Report etc.

2. Make out the trip account

After ship's departure, the agent should make the trip account quickly, and list all the charges incurred, as shown in Table 4.2.

Table 4. 2　Trip Account

Entrusting Party 委托方：　　　　　　　　　Account No. 账单编号：

Name of Ship 船名：　　　　　　　　　　　　NRT 净吨：

Date of Arrival 抵港日期：　　　　　　　　　Date of Departure 离港日期：

Port of Arrival/Departure 抵/离港：　　　　　Date 制单日期：

No. 序　号	Items 项　目	Amount(RMB) 金　额	Document No. 单据编号	Remarks 备　注
1	Pilotage & Shifting 引水及移泊费			
2	Tugs Hire 拖轮费			
3	Berthage Fee 泊位停泊费			
4	Anchorage Fee 锚地停泊费			
5	Other Stevedore Charges 装卸区其他费用			
6	Tonnage Dues for 30 days 三十天期船舶吨税			
7	Quarantine Service 卫生检疫费			
8	Garbage Collection 垃圾回收费			
9	Advance to Captain 船长借支			
10	Crew Replacement Cost 船员换班费			
11	Sluge Disposal Fee 污泥处理费			
12	Bunker/Water Supply Cost 供油供水费			
13	Traffic & Communication Fee 交通费及通信费			
14	Sundries 杂费			
15	Agency Fee 代理费			
16	Total Disbursements 费用合计			
17	Remittance 汇款			
18	Balance in our Favor 结欠我方			

If any inquires,please call：

BANK USD ACCT：　　　　　　　　　　　　　　　　　　　　Made by 制单

3. File the ship's documentations

After the completion of the voyage agency,the ship's agent should collect and sort out the customer files and ship files.

（1）According to the name of the entrusting party,the customer files are set up by recording the entrusting party's contact ways such as name,correspondence address,telephone,telex and so on,as well as the special requirements,opinions and suggestions of the entrusting party.

（2）According to the name of ship and date of the voyage agent,the ship files are set up by sorting out the correspondence of voyage shipping agency appointment,shipping documents,ship's particular,NOR,SOF,declaration documents,copies of the payment bill and so on.

附录 A　国际航行船舶进出中华人民共和国口岸检查办法

第一条　为了加强对国际航行船舶进出中华人民共和国口岸的管理,便利船舶进出口岸,提高口岸效能,制定本办法。

第二条　进出中华人民共和国口岸的国际航行船舶(以下简称船舶)及其所载船员、旅客、货物和其他物品,由本办法第三条规定的机关依照本办法实施检查;但是,法律另有特别规定的,或者国务院另有特别规定的,从其规定。

第三条　中华人民共和国港务监督机构(以下简称港务监督机构)、中华人民共和国海关(以下简称海关)、中华人民共和国边防检查机关(以下简称边防检查机关)、中华人民共和国国境卫生检疫机关(以下简称卫生检疫机关)和中华人民共和国动植物检疫机关(以下简称动植物检疫机关)是负责对船舶进出中华人民共和国口岸实施检查的机关(以下统称检查机关)。

第四条　检查机关依照有关法律、行政法规的规定实施检查并对违法行为进行处理。

港务监督机构负责召集有其他检查机关参加的船舶进出口岸检查联席会议,研究、解决船舶进出口岸检查的有关问题。

第五条　船舶进出中华人民共和国口岸,由船方或其代理人依照本办法有关规定办理进出口岸手续。除本办法第十条第二款、第十一条规定的情形或者其他特殊情形外,检查机关不登船检查。

船方或其代理人办理船舶进出口岸手续时,应当按照检查机关的有关规定准确填写报表,并如实提供有关证件、资料。

第六条　船方或其代理人应当在船舶预计抵达口岸 7 日前(航程不足 7 日的,在驶离上一口岸时),填写"国际航行船舶进口岸申请书",报请抵达口岸的港务监督机构审批。

拟进入长江水域的船舶,船方或其代理人应当在船舶预计经上海港区 7 日前(航程不足 7 日的,在驶离上一口岸时),填写"国际航行船舶进口岸申请书",报请抵达口岸的港务监督机构审批。

第七条　船方或其代理人应当在船舶预计抵达口岸 24 小时前(航程不足 24 小时的,在驶离上一口岸时),将抵达时间、停泊地点、靠泊移泊计划及船员、旅客的有关情况报告检查机关。

第八条　船方或其代理人在船舶抵达口岸前未办妥进口岸手续的,须在船舶抵达口岸24 小时内到检查机关办理进口岸手续。

船舶在口岸停泊时间不足 24 小时的,经检查机关同意,船方或其代理人在办理进口岸手续时,可以同时办理出口岸手续。

第九条　船方或其代理人在船舶抵达口岸前已经办妥进口岸手续的,船舶抵达后即可上下人员、装卸货物和其他物品。

船方或其代理人在船舶抵达口岸前未办妥进口岸手续的,船舶抵达后,除检查机关办理进口岸检查手续的工作人员和引航员外,其他人员不得上下船舶、不得装卸货物和其他物品;船舶进出的上一口岸是中华人民共和国口岸的,船舶抵达后即可上下人员、装卸货物和其他物品,但是应当立即办理进口岸手续。

第十条 卫生检疫机关对船舶实施电讯检疫。持有卫生证书的船舶,其船方或其代理人可以向卫生检疫机关申请电讯检疫。

对来自疫区的船舶,载有检疫传染病染疫人、疑似检疫传染病染疫人、非意外伤害而死亡且死因不明尸体的船舶,未持有卫生证书或者证书过期或者卫生状况不符合要求的船舶,卫生检疫机关应当在锚地实施检疫。

第十一条 动植物检疫机关对来自动植物疫区的船舶和船舶装载的动植物、动植物产品及其他检疫物,可以在锚地实施检疫。

第十二条 船方或其代理人应当在船舶驶离口岸前4小时内(船舶在口岸停泊时间不足4小时的,在抵达口岸时),到检查机关办理必要的出口岸手续。有关检查机关应当在"船舶出口岸手续联系单"上签注;船方或其代理人持"船舶出口岸手续联系单"和港务监督机构要求的其他证件、资料,到港务监督机构申请领取出口岸许可证。

第十三条 船舶领取出口岸许可证后,情况发生变化或者24小时内未能驶离口岸的,船方或其代理人应当报告港务监督机构,由港务监督机构协商其他检查机关决定是否重新办理出口岸手续。

第十四条 定航线、定船员并在24小时内往返一个或者一个以上航次的船舶,船方或其代理人可以向港务监督机构书面申请办理定期进出口岸手续。受理申请的港务监督机构商其他检查机关审查批准后,签发有效期不超过7天的定期出口岸许可证,在许可证有效期内对该船舶免办进口岸手续。

第十五条 检查机关及其工作人员必须秉公执法,恪尽职守,及时实施检查和办理船舶进出口岸的申请。

第十六条 本办法下列用语的含义:

(一)国际航行船舶,是指进出中华人民共和国口岸的外国籍船舶和航行国际航线的中华人民共和国国籍船舶。

(二)口岸,是指国家批准可以进出国际航行船舶的港口。

(三)船方,是指船舶所有人或者经营人。

第十七条 本办法自发布之日起施行。经国务院批准,1961年10月24日由交通部、对外贸易部、公安部、卫生部发布的《进出口船舶联合检查通则》同时废止。

附录 B 港口收费计费办法

第一章 总则

第一条 按照党的十八届三中全会关于全面深化改革的总体部署,为规范港口经营服务性收费行为,完善港口价格形成机制,维护港口经营、使用、管理各方的合法权益,促进港口事业持续健康发展,根据《中华人民共和国港口法》《中华人民共和国价格法》《中央定价目录》《中央涉企经营服务收费目录清单》《中央涉企进出口环节经营服务收费目录清单》和《港口经营管理规定》等,制定本办法。

第二条 中华人民共和国沿海、长江干线主要港口及其他所有对外开放港口,提供船舶进出、停泊、靠泊,旅客上下,货物装卸、驳运、储存和港口保安等服务,由港口经营人和引航机构等单位向船方、货方或其代理人等计收港口经营服务性费用,适用于本办法。

各港与香港、澳门、台湾之间运输的港口收费,比照本办法有关航行国际航线船舶和外贸进出口货物及集装箱的有关规定执行。

其他港口的收费计费办法,依据地方定价目录规定的定价权限和具体适用范围制定,可参照本办法有关规定执行。

长江干线船舶引航(移泊)的收费计费办法另行规定。

第三条 港口收费包括实行政府定价、政府指导价和市场调节价的经营服务性收费,其中实行政府定价的港口收费包括货物港务费、港口设施保安费;实行政府指导价的港口收费包括引航(移泊)费、拖轮费、停泊费、驳船取送费、特殊平舱费和围油栏使用费;实行市场调节价的港口收费包括港口作业包干费、堆存保管费、库场使用费,以及提供船舶服务的供水(物料)服务费、供油(气)服务费、供电服务费、垃圾接收处理服务费、污油水接收处理服务费、理货服务费。

上述收费项目均应单独设项计收,港口经营人和引航机构不得超出以上范围另行设立港口收费项目。

港口经营人和引航机构要建立收费目录清单制度,采取公示栏、公示牌、价目表(册)或电子显示屏、电子触摸屏等方式,主动公示收费项目、对应服务内容和收费标准,接受社会监督。收费公示栏(含公示牌、电子显示屏、电子触摸屏等)要长期固定设置在收费场所以及港区内方便阅读的地方,尽可能独立置放,位置明显,字体端正规范。

第四条 实行政府定价的港口收费必须按照本办法规定的收费标准计收;实行政府指导价的港口收费应以本办法规定的收费标准为上限,港口经营人和引航机构可在不超过上限收费标准的范围内自主制定具体收费标准;实行市场调节价的港口收费由港口经营人根据市场供求和竞争状况、生产经营成本和服务内容自主制定收费标准。

实行政府定价的港口收费标准按本办法规定的费率确定;实行政府指导价的港口收费标准按本办法规定的基准费率、附加收费、优惠收费合计确定。

引航(移泊)费的具体收费标准,应经港口所在地港口行政管理部门抄报省级交通运输、价格主管部门,由引航机构对外公布执行。

第五条 船方、货方或其代理人应不迟于船舶到港的当天,将有关付费人的书面资料提交港口经营人、管理人或引航机构。船方或其代理人提供的进出口舱单及有关资料有误或需要变更的,应在卸船或装船前书面通知港口经营人、管理人或引航机构。

第六条 港口收费计费单位和进整办法应符合下列规定:

(一)费用计算以人民币元为计费单位。每一提货单或装货单每项费用的尾数按四舍五入进整,每一计费单的最低收费额为1元。

(二)船舶以计费吨为计费单位,按净吨计算,1净吨为1计费吨,无净吨的按总吨计,既无净吨也无总吨的按载重吨计,既无净吨也无总吨和载重吨的按排水量计,并均按计费吨的收费标准计费。拖轮按马力计算,1马力为1计费吨。木竹排、水上浮物等按体积计算,1立方米为1计费吨。不满1计费吨的按1计费吨计。

(三)时间以日或小时为计费单位。以日为计费单位的,按日历日计,不满1日按1日计;以小时为计费单位的,不满1小时按1小时计,超过1小时的尾数,不满半小时按0.5小时计,超过半小时的按1小时计。另有规定的除外。

(四)距离以海里或千米为计费单位,不满1海里或1千米的按1海里或1千米计。

(五)面积以平方米为计费单位,不满1平方米的按1平方米计。

(六)货物以重量吨或体积吨为计费单位,既有重量吨又有体积吨的,择大计费。重量吨为货物的毛重,以1 000千克为1重量吨;体积吨为货物"满尺丈量"的体积,以1立方米为1体积吨。特殊货物重量按表1(特殊货物重量换算表)进行换算,实重大于换算重量时,按换算重量计算。

表1 特殊货物重量换算表

货物名称	计算单位	换算重量(千克)
骆驼、牛、马、骡、驴	头	1 000
猪、羊、狗、牛犊、马驹、骡驹、驴驹	头(条、只)	200
散装的猪崽、羊羔	头(只)	30
笼装的猪崽、羊羔、家禽、家畜、野兽、蛇、卵蛋	立方米	500
藤、竹制的椅、凳、几、书架	个	30
鱼苗(秧、种)	立方米	800
其他不能确定重量的货物	立方米	1 000
家具(折叠的除外)	自重加两倍	
各种材料的空容器(折叠的以及草袋、布袋、纸袋、麻袋、塑料袋除外)		

注:自重加两倍是指货物本身毛重再加两倍。

(七)每一提货单或装货单每项货物的重量或体积,最低以1重量吨或1体积吨计算;超过1重量吨或1体积吨的,尾数按0.01进整。每一计费单同一等级的货物相加进整。

(八)集装箱以箱(20英尺或40英尺)为计费单位。可折叠的空箱,4箱及4箱以下摞放在一起的,按1箱相应标准的重箱计费。另有规定的除外。

第七条 货物的重量或体积,以提货单、装货单或港口货物作业合同上所列为准。港口经营人、管理人可对货物的重量或体积进行核查,提货单、装货单或港口货物作业合同上所列重量或体积与核查不符的,以实际核查结果作为计费依据。

第八条 除货物港务费、港口设施保安费外,引航(移泊)费、拖轮费、停泊费、驳船取送费、特殊平舱费和围油栏使用费均应以本办法规定的收费标准为上限计收费用。

第二章 货物港务费

第九条 经由港口吞吐的货物及集装箱,由具体负责维护和管理防波堤、航道、锚地等港口基础设施的单位向货方或其代理人收取货物港务费。

第十条 外贸货物港务费计收应符合下列规定:

(一)外贸货物港务费按表2(外贸货物港务费费率表)规定费率分别计收进、出港货物港务费。

表2 外贸货物港务费费率表

分 类	编 号	货物及集装箱名称	计费单位	费率(元)	
				进口	出口
货物	1	煤炭、矿石、矿砂、矿粉、磷灰土、水泥、纯碱、粮食、盐、砂土、石料、砖瓦、生铁、钢材(不包括废钢)、钢管、钢坯、钢锭、有色金属块锭、焦炭、半焦、块煤、化肥、轻泡货物	重量吨	1.40	0.70
			体积吨	0.90	0.45
	2	一级危险货物、冷藏货物、古画、古玩、金器、银器、珠宝、玉器、翡翠、珊瑚、玛瑙、水晶、钻石、玉刻、木刻、各种雕塑制品、贝雕制品、漆制器皿、古瓷、景泰蓝、地毯、壁毯、刺绣	重量吨	6.60	3.30
			体积吨	4.40	2.20
	3	其他货物	重量吨	3.30	1.65
			体积吨	2.20	1.10
集装箱	4	装载一般货物的集装箱、商品箱	箱(20英尺)	40.00	20.00
			箱(40英尺)	80.00	40.00
	5	装载一级危险货物的集装箱、冷藏箱(重箱)	箱(20英尺)	80.00	40.00
			箱(40英尺)	160.00	80.00

注:1. "轻泡货物"是指每1重量吨的体积满4立方米的货物,但每件货物重量满5吨的按重量吨计费。
2. 编号1中的"化肥"是指农业生产用的化肥,其他用于化工原料的不在此列。
3. 编号2中的"一级危险货物"包括《危险货物品名表》(GB 12268)和《国际海运危险货物规则》(*IMDG Code*)危险货物一览表中的第1类、第2类、第7类、第5.2项和第6.2项的危险货物以及第3类、第4类、第8类、第5.1项和第6.1项中包装类别Ⅰ和Ⅱ的危险货物,不包括农业生产用的化肥农药。
4. 原油按编号3中的"其他货物"计费。
5. 其他集装箱按其内容积与表列相近箱型集装箱内容积的比例计费。

(二)下列货物及集装箱免收外贸货物港务费:

1. 凭客票托运的行李;

2. 船舶自用的燃物料;

3. 本船装货垫缚材料;

4. 随包装货物同行的包装备品;

5. 随鱼鲜同行的防腐用的冰和盐;

6. 随活畜、活禽同行的必要饲料;

7. 使馆物品、联合国物品、赠送礼品、展品、样品;

8. 国际过境货物;

9. 集装箱空箱(商品箱除外)。

第十一条 内贸货物港务费计收应符合下列规定:

(一)内贸货物港务费按表3(内贸货物港务费费率表)规定费率分别计收进、出港货物港务费。

表3 内贸货物港务费费率表

编 号	分 类	适用范围	计费单位	费率(元)
1	货物	沿海港口	重量吨	0.50
		内河港口		1.00
		沿海港口	体积吨	0.25
		内河港口		0.50
2	装载一般货物的集装箱、商品箱	沿海和内河港口	箱(20英尺)	8.00
			箱(40英尺)	16.00
3	装载一级危险货物的集装箱、冷藏箱(重箱)	沿海和内河港口	箱(20英尺)	16.00
			箱(40英尺)	32.00

注:1. 其他集装箱按其内容积与表列相近箱型集装箱内容积的比例计费。
   2. 福州港按内河港口收费标准计费。

(二)下列货物及集装箱免收内贸货物港务费:

1. 凭客票托运的行李;

2. 船舶自用的燃物料;

3. 本船装货垫缚材料;

4. 随包装货物同行的包装备品;

5. 渔船捕获的鱼鲜以及同行的防腐用的冰和盐;

6. 随活畜、活禽同行的必要饲料;

7. 使馆物品、联合国物品、军用物品;

8. 因意外事故临时卸在港内仍需运往原到达港的货物;

9. 用于本港建设的货物;

10. 购进或售出的船舶;

11. 集装箱空箱(商品箱除外)。

第三章 港口设施保安费

第十二条 经由港口吞吐的外贸进出口货物及集装箱,由取得"港口设施保安符合证书"的港口经营人,按表 4(港口设施保安费费率表)规定费率向货方或其代理人分别计收进、出港港口设施保安费。

表 4　港口设施保安费费率表

编　号	分　类	计费单位	费率(元)
1	集装箱重箱	箱(20 英尺)	10.00
		箱(40 英尺)	15.00
2	货物	重量吨或体积吨	0.25

注:1. 20 英尺重箱和 40 英尺重箱以外的其他非标准集装箱按相近箱型的费率计费。
　　2. 集装箱拼箱货物按货物的实际重量吨或体积吨分摊港口设施保安费。

第十三条　外贸进、出口内支线运输集装箱,由承担国际运输段的船方或其代理人向其挂靠港口的港口经营人代交港口设施保安费。

第十四条　外贸进口货物及集装箱因故停留中途港不再经水运前往到达港或其他港口的,港口设施保安费由中途港计收;因故停留中途港未办理清关手续并继续经水运前往原到达港或其他港口的,港口设施保安费由到达港计收。

第十五条　下列货物及集装箱免收港口设施保安费:

1. 凭客票托运的行李;

2. 船舶自用的燃物料;

3. 本船装货垫缚材料;

4. 随包装货物同行的包装备品;

5. 随鱼鲜同行的防腐用的冰和盐;

6. 随活畜、活禽同行的必要饲料;

7. 使馆物品、联合国物品、赠送礼品、展品、样品;

8. 进口化肥、国际转关和国际过境货物及集装箱;

9. 集装箱空箱(含商品集装箱)。

<h2 align="center">第四章　引航(移泊)费</h2>

第十六条　引领航行国际航线船舶进、出港,向船方或其代理人计收引航费应符合下列规定:

(一)引航距离在 10 海里及以内,且引领船舶在 120 000 净吨及以内的引航费,按表 5(航行国际航线船舶港口收费基准费率表)编号 1(A)规定费率计收。引航距离在 10 海里及以内,且引领船舶超过 120 000 净吨的引航费按 55 000 元计收。

(二)引航距离超过 10 海里的引航费,其超程部分按表 5 编号 1(B)规定费率计收。

(三)超出各港引航距离以远的引航费,其超远部分的引航费按表 5 编号 1(A)规定费率的 30% 计收。

表5　航行国际航线船舶港口收费基准费率表

编号	项目	计费单位		费率(元)	说明
1	引航(移泊)费	计费吨	A	0.50	40 000 净吨及以下部分
				0.45	40 001～80 000 净吨部分
				0.425	80 000～120 000 净吨部分
		计费吨·海里	B	0.005	10 海里以上超程部分
		计费吨	C	0.16	过闸引领
		计费吨	D	0.22	港内移泊
2	停泊费	计费吨·日	A	0.25	
		计费吨·小时	B	0.15	
		计费吨·日	C	0.05	锚地停泊
3	特殊平舱费	计费吨		3.70	计费吨按平舱舱口实装货物吨数的30%计算
4	围油栏使用费	船·次		3 000.00	1 000 净吨以下船舶
				3 500.00	1 000～3 000 净吨船舶
				4 000.00	3 000 净吨以上船舶

（四）大连、营口、秦皇岛、天津、烟台、青岛、日照、连云港、上海、宁波、厦门、汕头、深圳、广州、湛江、防城、海口、洋浦、八所、三亚港以外的港口(港区)，引航费加收引航附加费，最高不超过每计费吨0.30元。

（五）引领航行国际航线船舶过闸，引航费加收过闸引领费，过闸引领费按表5编号1(C)规定费率计收。

第十七条　引领航行国内航线船舶进、出港，向船方或其代理人计收引航费应符合下列规定：

（一）引航距离在10海里及以内的引航费，按表6(航行国内航线船舶港口收费基准费率表)编号1(A)规定费率计收。

（二）引航距离超过10海里的引航费，其超程部分按表6编号1(B)规定费率计收。

（三）超出各港引航距离以远的引航费，其超远部分的引航费按表6编号1(A)规定费率的30%计收。

表6　航行国内航线船舶港口收费基准费率表

编号	项目	计费单位		费率(元)	说明
1	引航(移泊)费	计费吨	A	0.20	
		计费吨·海里	B	0.002	
		计费吨	C	0.15	引领国内航线船舶在港内移泊
			D	0.12	引领国内航线船舶航行黑龙江水系在港内移泊

(续表)

编　号	项　目	计费单位		费率(元)	说　明
2	停泊费	计费吨·日	A	0.08	
			B	0.12	
3	驳船取送费	计费吨	A	0.50	5 千米及以内
		计费吨·千米	B	0.10	超过 5 千米
4	特殊平舱费	计费吨		0.80(沿海) 1.65(内河)	计费吨按平舱舱口实装货物吨数的 30% 计算
5	围油栏使用费	船·次		1 000.00	500 净吨以下船舶
				1 200.00	500~1 000 净吨船舶
				1 400.00	1 000 净吨以上船舶

第十八条 港口的引航距离由港口所在地港口行政管理部门确定并对外公布,同时抄报省级交通运输主管部门。

第十九条 引领国际、国内航线船舶在港内移泊,由引航机构向船方或其代理人计收移泊费。引领国际航线船舶在港内移泊,按表 5(航行国际航线船舶港口收费基准费率表)编号 1(D)规定费率按次计收移泊费。引领国内航线船舶在港内移泊,按表 6(航行国内航线船舶港口收费基准费率表)编号 1(C)规定费率按次计收移泊费。

第二十条 引领国内航线船舶航行黑龙江水系,引航费按表 7(航行国内航线船舶黑龙江水系引航费基准费率表)规定费率计收,20 000 计费吨以上船舶和 4 000 计费吨以上由拖轮拖带驳船、木竹排、水上浮物的引航费收费标准由引航机构与船方或其代理人协商确定;港内移泊费按表 6(航行国内航线船舶港口收费基准费率表)编号 1(D)规定费率按次计收。

表 7　航行国内航线船舶黑龙江水系引航费基准费率表

船舶类型	计费单位(计费吨)	费率(元/千米)
客、货轮	300 以下	0.99
	300~500	1.48
	500~1 000	1.97
	1 000~2 000	2.63
	2 000~3 000	2.96
	3 000~5 000	3.45
	5 000~7 000	3.95
	7 000~10 000	4.77
	10 000~15 000	6.08
	15 000~20 000	8.88
驳船、木竹排、水上浮物	500 以下	0.49
	500~1 000	0.66
	1 000~2 000	0.74
	2 000~3 000	0.82
	3 000~4 000	0.99

注:引航里程按运价里程计算。

第二十一条 航行国际航线船舶节假日或夜班的引航(移泊)作业应根据实际作业情况分别加收引航(移泊)费附加费。节假日、夜班的引航(移泊)作业时间占全部作业时间一半及以上,或节假日、夜班的作业时间大于等于半小时的,节假日或夜班的引航(移泊)费附加费应按表5(航行国际航线船舶港口收费基准费率表)编号1规定费率的45%分别加收,既为节假日又为夜班的引航(移泊)费附加费按表5编号1规定费率的90%一并加收。

第二十二条 航行国际航线船舶的港口引航(移泊)起码计费吨为2 000计费吨;航行国内航线船舶黑龙江水系的港口引航(移泊)起码计费吨为300计费吨,其他航行国内航线船舶的港口引航(移泊)起码计费吨为500计费吨。

第二十三条 引航费按第一次进港和最后一次出港各一次分别计收。

第二十四条 由拖轮拖带的船舶、驳船、木竹排或水上浮物,其引航(移泊)费按拖轮的功率(马力)与所拖船舶、驳船、木竹排或水上浮物的计费吨合计计收。

第五章 拖轮费

第二十五条 船舶靠离泊使用拖轮和引航或移泊使用拖轮,提供拖轮服务的单位向船方或其代理人计收拖轮费。航行国际、国内航线船舶每拖轮艘次费率分别按表8(航行国际航线船舶拖轮费基准费率表)、表9(航行国内沿海航线船舶拖轮费基准费率表)和表10(航行国内内河航线船舶拖轮费基准费率表)规定计收。

沿海港口的船舶靠离泊和引航或移泊使用拖轮艘数的配备标准由所在地港口行政管理部门会同海事管理机构提出,各省级交通运输主管部门对其合规性、合理性进行审核后公布。长江干线拖轮艘数的配备标准由交通运输部长江航务管理局会同沿江相关省级交通运输主管部门制定,并对外公布。

表8 航行国际航线船舶拖轮费基准费率表　计费单位:元/拖轮艘次

序号	船长(米)	船舶类型		
		集装箱船、滚装船、客船	油船、化学品船、液化气体船	散货船、杂货船及其他
1	80及以下	6 000	5 700	5 300
2	80~120	6 500	7 800	7 400
3	120~150	7 000	8 500	8 000
4	150~180	8 000	10 500	9 000
5	180~220	8 500	12 000	11 000
6	220~260	9 000	14 000	13 000
7	260~275	9 500	16 000	14 000
8	275~300	10 000	17 000	15 000
9	300~325	10 500	18 000	16 000
10	325~350	11 000	18 600	16 500
11	350~390	11 500	19 600	17 800
12	390以上	12 000	20 300	19 600

表9　航行国内沿海航线船舶拖轮费基准费率表　　　　　计费单位:元/拖轮艘次

序　号	船长(米)	船舶类型		
		集装箱船、滚装船、客船	油船、化学品船、液化气体船	散货船、杂货船及其他
1	80 及以下	3 500	3 500	3 200
2	80 ~ 120	4 000	4 600	4 400
3	120 ~ 150	4 500	5 200	5 000
4	150 ~ 180	4 800	6 500	5 500
5	180 ~ 220	5 100	7 300	6 500
6	220 ~ 260	5 500	9 000	8 000
7	260 ~ 275	5 800	10 000	8 500
8	275 ~ 300	6 100	10 500	9 000
9	300 ~ 325	6 500	11 000	9 500
10	325 ~ 350	6 800	11 300	10 000
11	350 ~ 390	7 100	11 900	10 500
12	390 以上	7 500	12 500	11 900

表10　航行国内内河航线船舶拖轮费基准费率表　　　　　计费单位:元/拖轮艘次

序　号	船长(米)	船舶类型		
		集装箱船、滚装船、客船	油船、化学品船、液化气体船	散货船、杂货船及其他
1	80 及以下	5 200	5 000	4 500
2	80 ~ 120	5 700	6 500	6 200
3	120 ~ 150	6 200	7 300	6 900
4	150 ~ 180	6 900	9 100	7 800
5	180 ~ 220	7 300	10 400	9 500
6	220 ~ 260	7 800	12 300	11 200
7	260 ~ 275	8 400	13 900	12 300
8	275 ~ 300	8 700	14 700	13 000
9	300 ~ 325	9 200	15 600	13 800
10	325 ~ 350	9 600	16 200	14 400
11	350 ~ 390	10 100	17 100	15 500
12	390 以上	10 500	18 000	17 100

　　第二十六条　被拖船舶靠离的泊位与最近的拖轮基地距离超过30海里但小于等于50海里的,其拖轮费可按基准费率的110%收取;距离超过50海里的,可按120%收取。

第二十七条　拖轮费与燃油价格实行联动,燃油价格大幅上涨或下跌影响拖轮运营成本发生较大变化时,适当调整拖轮费基准费率标准。具体联动机制和办法另行规定。

第六章　停泊费

第二十八条　停泊在港口码头、浮筒的船舶,由提供停泊服务的港口经营人向船方或其代理人计收停泊费。停泊费计收应符合下列规定:

(一) 航行国际、国内航线船舶,停泊费分别按表5(航行国际航线船舶港口收费基准费率表)编号2(A)和表6(航行国内航线船舶港口收费基准费率表)编号2(A)规定费率计收。

(二) 下列航行国际、国内航线的船舶,分别按表5编号2(B)和表6编号2(B)规定费率计收停泊费:

1. 货物及集装箱装卸或上、下旅客完毕4小时后,因船方原因继续留泊的船舶;

2. 非港口原因造成的等修、检修的船舶(等装、等卸和装卸货物及集装箱过程中的等修、检修除外);

3. 加油加水完毕继续留泊的船舶;

4. 非港口工人装卸的船舶;

5. 国际客运和旅游船舶。

第二十九条　停泊在港口锚地的航行国际航线船舶,由负责维护港口锚地的单位向船方或其代理人按表5(航行国际航线船舶港口收费基准费率表)编号2(C)规定费率计收停泊费。

第三十条　船舶在港口码头、浮筒、锚地停泊以24小时为1日,不满24小时的按1日计。船舶在港每24小时交叉发生码头、浮筒、锚地停泊的,停泊费按表5编号2(A)规定费率计收。

第三十一条　系靠停泊在港口码头、浮筒的船舶的船舶,视同停泊码头、浮筒的船舶计收停泊费。

第三十二条　由于港口原因或特殊气象原因造成船舶在港内留泊,以及港口建设工程船舶、军事船舶和执行公务的公务船舶留泊,免收停泊费。

第七章　驳船取送费

第三十三条　在长江干线和黑龙江水系港口使用拖轮取送驳船到码头装卸货物,由提供拖轮服务的港口经营人向船方、货方或其代理人收取驳船取送费。驳船取送费经双方协商可选择下列计费方法:以驳船重量和取送距离计费,自港口中心锚地至装卸货物码头,只按重载一次计算,距离在5千米及以内的按表6(航行国内航线船舶港口收费基准费率表)编号3(A)规定费率计收;距离超过5千米的按表6编号3(B)规定费率计收。

第八章　特殊平舱费和围油栏使用费

第三十四条　为在船舱散货上加装货物进行平舱以及按船方或其代理人要求的其他平舱,由港口经营人向船方或其代理人收取特殊平舱费。散货在装舱过程中的随装随扒、装舱完毕后扒平突出舱口顶尖和为在散货上面装载压舱包所进行的一般平舱,不得收取特殊平舱费。

第三十五条　船舶按规定使用围油栏,由提供围油栏服务的单位向船方或其代理人收取围油栏使用费。

第三十六条　航行国际航线船舶的特殊平舱费、围油栏使用费,分别按表 5(航行国际航线船舶港口收费基准费率表)编号 3、编号 4 规定费率计收。

第三十七条　航行国际航线船舶节假日或夜班的特殊平仓作业应根据实际作业情况分别加收特殊平仓费附加费。节假日、夜班的特殊平仓作业时间占全部作业时间一半及以上,或节假日、夜班的作业时间大于等于半小时的,节假日或夜班的特殊平仓费附加费应按表 5(航行国际航线船舶港口收费基准费率表)编号 3 规定费率的 45% 分别加收,既为节假日又为夜班的特殊平仓费附加费按表 5 编号 3 规定费率的 90% 一并加收。

第三十八条　航行国内航线船舶的特殊平舱费、围油栏使用费,分别按表 6(航行国内航线船舶港口收费基准费率表)编号 4、编号 5 规定费率计收。

第九章　港口作业包干费

第三十九条　港口经营人为船舶运输的货物及集装箱提供港口装卸等劳务性作业,向船方、货方或其代理人等综合计收港口作业包干费;港口经营人为客运和旅游船舶提供港站使用等服务,向客运和旅游船舶运营企业或其代理人综合计收港口作业包干费。

第四十条　港口作业包干费的包干范围包括港口作业的全过程,港口经营人应分别将下列货物及集装箱港口作业、客运港口服务纳入港口作业包干费,不得单独设立收费项目另行收费:

(一)货物及集装箱港口作业:散杂货装卸,集装箱装卸,铁路线使用,铁路货车取送,汽车装卸、搬移、翻装,集装箱火车、驳船装卸,集装箱拆、装箱,起重船、起重机、吸扬机使用,起货机工力,拆包和倒包,灌包和缝包,分票,挑样,一般扫舱和拆隔舱板,装卸用防雨设备、防雨罩使用,装卸及其他作业工时,岸机使用,以及困难作业,杂项作业,减加载,捣载,转栈,超长(笨重、危险、冷藏、零星)货物作业,地秤使用,轨道衡,尺码丈量,库内升降机或其他机械使用,除尘,集装箱清洗,成组工具使用。

(二)客运港口服务:客运和旅游客运码头服务、港站使用服务、行李代理、行李装卸、进出码头迎送旅客。

第四十一条　港口经营人可根据港口作业情况增加或减少第四十条规定的作业内容,但均应纳入港口作业包干费统一计收,收费标准由港口经营人自主制定。

第四十二条　港口作业包干费不得包含实行政府定价、政府指导价的收费项目和其他实行市场调节价的收费项目。

第十章　堆存保管费和库场使用费

第四十三条　货物及集装箱在港口仓库、堆场堆存,由港口经营人向货方或其代理人收取堆存保管费。

第四十四条　经港口经营人同意,在港口库场进行加工整理、抽样等,由港口经营人向货方或其代理人计收库场使用费。

第四十五条　堆存保管费和库场使用费的收费标准由港口经营人自主制定。

第十一章　船舶供应服务费

第四十六条　港口经营人为船舶提供供水(物料)、供油(气)、供电、垃圾接收处理、污油水接收处理服务,由港口经营人向船方或其代理人收取船舶供应服务费。

第四十七条　船舶供应服务费的收费标准由港口经营人自主制定。水、油、气、电价格按照国家规定价格政策执行。

第十二章　附则

第四十八条　本办法所称"满尺丈量"是指按《进出口商品货载衡量检验规程》(SN/T 0892)进行的丈量。

第四十九条　本办法所称"危险货物"是指列入《危险货物品名表》(GB 12268)和《国际海运危险货物规则》(IMDG Code)危险货物一览表中的货物。

第五十条　本办法所称节假日是指中华人民共和国法定节假日和休假日。夜班作业时间是指21时至次日8时时段内连续8小时的作业时间,具体时间起讫点由港口所在地港口行政管理部门确定并对外公布。

第五十一条　沿海内支线集装箱船舶,实行政府指导价的港口收费以表5(航行国际航线船舶港口收费基准费率表)规定费率的50%计收;长江内支线集装箱船舶,实行政府指导价的港口收费以表6(航行国内航线船舶港口收费基准费率表)规定的费率计收;承运海洋原油、液化石油气(外贸进出口原油、液化石油气除外)的船舶,实行政府指导价的港口收费以表5规定费率的50%计收。

第五十二条　对抢险救灾物资运输的港口作业收费,由交通运输部会同国家发展和改革委员会制定。对军事运输的港口作业收费,由交通运输部会同负责军事运输的管理部门、国家发展和改革委员会制定。

第五十三条　本办法由交通运输部会同国家发展和改革委员会负责解释。

第五十四条　本办法自2017年9月15日起执行,有效期为5年。2015年12月29日,交通运输部、国家发展改革委印发的《港口收费计费办法》停止执行。此前发布的有关规定与本办法不一致的,以本办法为准。

附录 C 船代常用英语短句

一、船代调度常用英语

1. What's the expected time of arrival?

预计抵港时间是多少?

2. When do you want to attend customs clearance?

你们想何时进行清关?

3. What's the expected sailing time?

预计离港时间是几点?

4. There is an alteration of ship's ETA.

船舶预计抵港时间有变更。

5. What's the scheduled sailing time?

按期开航时间是什么时候?

6. Don't worry, I will do my best to arrange berthing as soon as possible.

不要担心,我方将尽快安排靠泊。

7. We were informed your ship would arrive yesterday evening.

据通知,你们的船舶昨晚靠泊。

8. What documents do I have to provide you for the clearance?

清关时我得提供些什么文件?

9. Please see to it that the clearance of the ship should be completed before loading.

请确保此船的清关应该在装船前完成。

10. Have you received my telegram about our arrival?

你们已经收到我们的抵港电报了吗?

11. By the way, we shall order some lubricants from Dong Fang Ship Chandlers. Will you please settle our accounts with them?

顺便说一下,我们从东方船具商订购一些润滑油,您能跟他们结账吗?

12. With pleasure. Let's go through the formalities, please.

很荣幸为你服务,让我们办理手续。

13. They suspended loading owing to suspension of ship's power.

因为船舶停电,他们暂时中止装船。

14. When was the loading resumed?

什么时候恢复装船?

15. Our ship will proceed and berth alongside Wharf No. 26.

我方船舶继续前行,靠泊 26 号码头。

16. We are awaiting tide for entry.

我们正在候潮进港。

17. The joint inspection for your ship will be conducted tomorrow afternoon.

你方船舶的联检手续将于明天下午办理。

18. We anchored at pilot anchorage last night.

我们昨晚在引航锚地抛锚。

19. When did you arrive at quarantine anchorage?

你们什么时候到达检疫锚地?

20. Please tell me when the new crew come and the old crew leave.

请告知新船员抵达和老船员离开的时间。

二、船代外勤常用英语

1. Which do you want, gangway or rope ladder?

您想用什么,舷梯还是绳梯?

2. Gangway, please.

请用绳梯。

3. On which side do you want the ladder lowered?

绳梯放在哪边?

4. On the starboard, please.

请放在右舷。

5. Come along with me to the bridge.

跟我到驾驶台上来。

6. Let's go to the Captain's cabin first.

让我们先到船长的房间。

7. The Captain is expecting you in his cabin.

船长在他的房间等您。

8. I am sorry to have kept you waiting.

很抱歉让您久等了。

9. How was the weather during the voyage?

航程中天气怎么样?

10. We met storm on the Pacific.

我们在太平洋碰上了暴风雨。

11. I want to know something about damage to cargo, the weather, disputes and remarks.

我想知道关于货损的有关事宜,以及天气、争议及批注。

12. Some of the cargo might have been damaged when heavy seas swept over the deck.

当大浪打到甲板上,有些货物可能受到损害。

13. Is all the cargo in good order and condition?

货物状况良好吗?

14. Any disputes over figures at the loading port?

对上一装货港的数字有争议吗?

15. Shall we have to wait at the roadstead till there is a free berth?

直到有免费泊位之前,我们必须在锚地等待吗?

16. There is no vacant berth now.

目前没有空泊位。

17. The inner harbor is overcrowded.

内港现在很拥挤。

18. You have to ride at anchor in the roads.

你们船舶必须停泊抛锚。

19. Lunch is getting ready. Will you please have lunch on board?

午餐已经准备好了,您在船上就餐吗?

20. I hope you a good voyage to you!

祝您航程愉快!

21. Have you finished making out the stowage plan yet?

配载图已经完成了吗?

22. We are ready to load. This is the Notice of Readiness.

我们准备装船。这是装卸准备就绪通知书。

23. Please let me have a copy of the stowage plan.

请让我复印一份配载图。

24. I would like to know the weight, dimensions and the exact locations of the heavy lifts.

我想知道大件货的重量、体积和位置。

25. Here is the loading list. Will you please make out the stowage plan as soon as possible?

这是装货清单,您能尽快把配载图弄好吗?

26. By the way, have we any special cargo to load?

顺便问一下,船上装有什么特殊货吗?

27. I'm afraid you have a lot of dangerous cargo. Anyway, you can find them in the Cargo List. And I'd like to know your idea about their stowage.

恐怕船上装有大量危险品。不管怎样,您可以在装货清单上找到。我想知道您对配载的建议。

28. All right, I'll look it through and let you know my idea about the stowage plan tomorrow morning.

好吧,我会仔细检查一下,明天早上告知您关于配载图的建议。

29. Can you give a sketch plan if the cargo plan is not ready?

如果配载图没有弄好,您能给我一份草图吗?

30. I need the actual plan. How many copies can I have?

我需要一份实际配载图。我可以复印几份?

参考文献

[1] 陈静,张明齐.国际船舶代理实务[M].北京:中国财富出版社,2013.

[2] 袁洪林.国际船舶代理业务实用英语会话[M].大连:大连海事大学出版社,2007.

[3] 范苗福.国际航运业务英语与函电[M].大连:大连海事大学出版社,2000.

[4] 中国船舶代理及无船承运人协会.国际船舶代理与无船承运人业务实务[M].北京:中国海关出版社,2009.

[5] 王学峰,汪爱娇.国际船舶代理业务[M].北京:人民交通出版社,2006.

[6] 马军功,王智强,罗来仪.国际船舶代理业务与国际集装箱货代业务[M].北京:对外经济贸易大学出版社,2003.

[7] 真虹.港口管理[M].北京:人民交通出版社,2009.

[8] 徐秦.航运管理实务[M].北京:人民交通出版社,2011.

[9] 郭萍.租船实务与法律[M].大连:大连海事大学出版社,2002.

[10] 潘全胜.船舶港口使费账单常见错误与预防对策[J].水运管理,2010(1).